AF341749

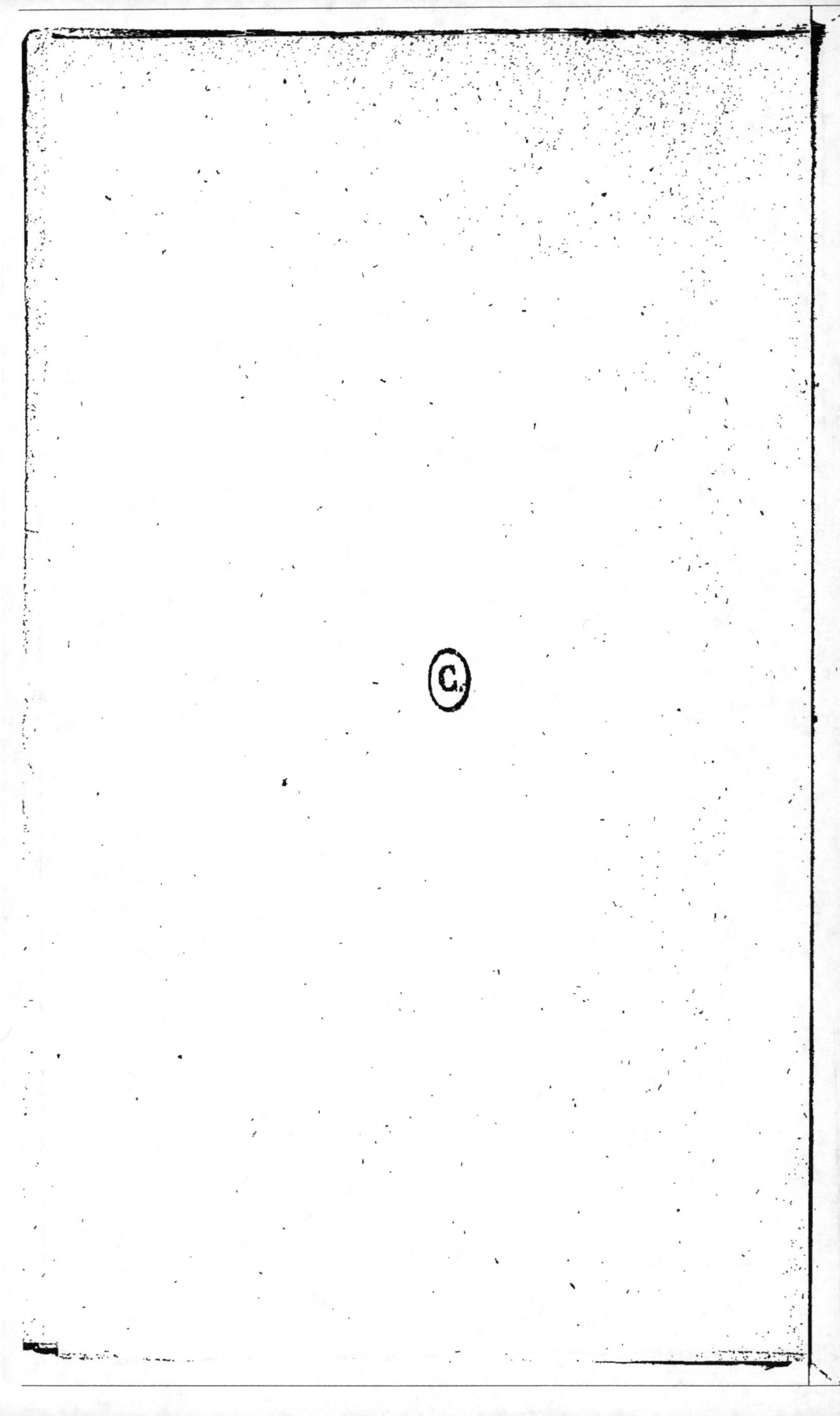

EXERCICES

FRANÇAIS,

EN RAPPORT AVEC LA GRAMMAIRE

SELON L'ACADÉMIE

PAR

BONNEAU et LUCAN.

RENNES,

IMPRIMERIE DE H. VATAR,

Imprimeur de Mgr l'Archevêque.

1862.

MÉTHODE

POUR L'ENSEIGNEMENT

DE LA

GRAMMAIRE FRANÇAISE,

ET

EXERCICES GRADUÉS.

———

(On suit pour cette méthode la Grammaire selon l'Académie, par Bonneau et Lucan, dans laquelle on se contente de faire apprendre les réponses aux questions posées en tête de chaque chapitre.)

———

PREMIÈRE PARTIE.

INTRODUCTION.

QUESTIONS.

(Les questions en caractères italiques devront être omises jusqu'à ce que les élèves possèdent les règles de grammaire les plus importantes. — Le numéro porté à la fin de chaque question indique le numéro qui donne la réponse dans la Grammaire.)

1. Qu'est-ce que la Grammaire ? N° 1.
2. Combien y a-t-il de sortes de lettres ? — 3.
3. Quelles sont les voyelles et pourquoi sont elles ainsi appelées ? — 4.
4. *Y a-t-il dans notre langue certaines combinaisons de lettres qui doivent être considérées comme voyelles ?* — 5.
5. Quelles sont les consonnes, et d'où leur vient ce nom ? — 6.
6. *Qu'est-ce que les voyelles longues et les voyelles brèves ?* — 7.
7. Combien y a-t-il de sortes d'*e* ? — 8.
— Définissez-les. — 8 *bis*.

8. Combien y a-t-il de sortes d'accents ? — 10.

9. *N'y a-t-il pas des e fermés sans accent aigu, des e ouverts sans accent grave, et des voyelles longues sans accent circonflexe ? — 10 bis.*

10. *Pour quelle lettre s'emploie l'y ? — 11.*

11. Quand la lettre *h* est-elle muette ou aspirée ? — 12.

12. *Qu'appelle-t-on monosyllabe, dissyllabe, trissyllabe, polysyllabe ? — 14, 15.*

13. *Qu'appelle-t-on diphthongue ? — 16.*

14. Combien d'espèces différentes de mots composent le discours ? — 17.

(Il nous semble que les explications sur l'origine des différentes espèces de mots peuvent être données aux élèves avancées comme lecture seulement.)

CHAPITRE I.

DU SUBSTANTIF OU NOM.

QUESTIONS SUR CE CHAPITRE.

1. Qu'est-ce que le nom ? — 28.
— Pourquoi l'appelle-t-on substantif ? — 28 *bis.*
2. Combien distingue-t-on de sortes de noms ? — 29.
3. Qu'appelle-t-on nom commun ? — 30.
4. Qu'appelle-t-on nom propre ? — 31.
5. *Qu'est-ce que le genre ? — 32, 33, 34.*
6. Combien y a-t-il de genres ?
  R. Il y a deux genres : le masculin et le féminin.

(Quand la réponse sera donnée dans la présente méthode, on se dispensera de l'apprendre dans la Grammaire.)

7. Comment reconnaît-on qu'un nom est du genre masculin ?
  R. Lorsqu'on peut placer *le* ou *un* devant le substantif.
8. Comment reconnaît-on qu'un nom est du genre féminin ?
  R. Quand on peut placer *la* ou *une* devant le substantif.
9. *Qu'est-ce que le nombre ? — 35, 36.*

10. Combien y a-t-il de nombres?

    R. Il y a deux nombres, le singulier et le pluriel.

11. Comment reconnaît-on qu'un nom est du nombre singulier?

    R. Quand on ne parle que d'un seul être ou d'un seul objet.

12. Comment reconnaît-on qu'un nom est du nombre pluriel?

    R. Quand on parle de plus d'un être ou de plus d'un objet.

13. Comment forme-t-on ordinairement le pluriel du substantif? — 37.

14. Quels sont les substantifs qui s'écrivent au pluriel comme au singulier? — 38, 1°.

15. Comment les substantifs terminés par *au* et par *eu* forment-ils leur pluriel? — 38, 2°.

16. Comment les substantifs terminés au singulier par *ou* forment-ils leur pluriel? — 38, 3°.

17. Quels sont les sept noms en *ou* exceptés? — 38, 3° *bis.*

18. Comment les substantifs terminés au singulier par *al* forment-ils leur pluriel? — 38, 4°.

19. Quels sont les sept noms en *al* exceptés? — 38, 4° *bis.*

20. Quels sont les substantifs pluriels en *aux*, qui n'ont pas cette terminaison précédée d'un *e*? — 40.

21. Quels sont les substantifs pluriels qui ont cette terminaison précédée d'un *e*? — 40 *bis.*

22. Quelle est l'exception? — 41.

23. Comment les substantifs terminés au singulier par *ail* forment-ils leur pluriel? — 42.

24. Quels sont les six noms en *ail* exceptés? — 43.

25. *Dans quels cas le substantif* travail *forme-t-il son pluriel par un* s? — 43 *bis.*

26. *Comment forme-t-on le pluriel du substantif* ail? — 44.

27. Quel est le double pluriel d'*aïeul*?

    R. Aïeul fait au pluriel *aïeuls* lorsqu'il désigne le grand père paternel et le grand père maternel; *aïeux* dans tous les autres cas.

28. Quel est le double pluriel de *ciel*?

    R. Ciel fait au pluriel *ciels* quand il s'agit de ciels de lit, ou de l'imitation du ciel, soit en peinture, soit en tapisserie; *cieux* dans tous les autres cas.

29. Quel est le double pluriel d'*œil*?

    R. Œil fait *œils* dans les substantifs composés commençant par *œil* comme œils-de-bœuf; *yeux* dans tous les autres cas.

EXERCICES

Pour apprendre à distinguer le Genre dans les Substantifs.

(Dicter des substantifs masculins et des substantifs féminins singuliers et les faire ranger sur deux colonnes, savoir : les substantifs masculins à gauche, et les substantifs féminins à droite. — On devra commencer ces exercices aussitôt que les élèves auront des notions sur les deux genres, et on ne devra les faire avancer dans l'étude de la grammaire, qu'à mesure qu'elles seront capables de faire l'application de ce qui aura été déjà vu.)

1. Le soleil, le ciel, la lune, la terre, le jardin, la cour, la mère, le père, la sœur, la cousine, le frère, le cousin, la maison, la chambre, le palais, le logis, le canif, la plume, la lecture, le livre, le maître, la servante.

MASCULIN.	FÉMININ.
Le soleil,	La lune,
Le ciel,	La terre,
Le jardin,	La cour,
Le père,	La mère,
Le frère,	La sœur,
Le cousin,	La cousine,
Le palais,	La maison,
Le logis,	La chambre,
Le canif,	La plume,
Le livre,	La lecture,
Le maître.	La servante.

2: La viande, le pain, le vin, la soupe, la table, la classe, le lit, le cahier, la mer, le château, la tour, la porte, la fenêtre, le palais, la fleur, le fruit, la rivière, le fleuve, la montagne, le pays.

(Faire faire cet exercice ainsi que ceux qui suivent comme le précédent.)

3. Un Dieu, une religion, une âme, un abîme, une ardeur, un orgueil, une horreur, une humilité, une avarice, une espérance, une paresse, un ordre, un art, un usage, un habit, une étude, une fin, un appétit, un élément, un orage, une écriture, un encrier.

4. Une armoire, une idole, un éclair, un âge, le sabot, le soulier, un arrosoir, la joue, la bouche, une horloge, une huile, le mouton, le cheval, la brebis, un autel, le balustre, un emplâtre, un escalier, une insulte, la récréation, une aiguille, la chèvre.

(On répète cet exercice jusqu'à ce que la distinction des deux genres soit parfaitement comprise, et il faut tenir à ce que l'orthographe soit bien observée. — Il est très-important de faire aux élèves différentes questions après chaque exercice pour voir si elles comprennent bien.)

(Dicter des substantifs masculins et des substantifs féminins sans article; faire ajouter les articles devant les consonnes; ou les adjectifs déterminatifs *un*, *une*, devant les voyelles, et ranger sur deux colonnes comme ci-dessus.)

5. Nuit, jour, papier, feuille, cahier, main, tête, jambe, doigt, visage, figure, femme, fille, fils, soldat, pomme, poire, sucre, chapeau, purgatoire.

(Les initiales *m.* ou *f.* suivront les mots qui pourraient offrir quelque difficulté de genre.)

6. Bœuf, vache, hiver, *m.*, insulte, *f.*, neige, foudre, vent, glace, tonnerre, roi, reine, mensonge, vérité, joie, nuée, berger, troupeau, chanson, écluse, éclusier, pigeon, printemps, coq, rue.

7. Sommeil, liberté, lion, tigre, renard, colombe, image, fourmi, poule, chien, lièvre, lapin, robe, encens, encensoir, *m.*, politesse, timidité, encre, crayon, règle, tablier, coiffe, cravate, bonnet, hospice, *m.*, horloge, *f.*

8. Réfectoire, *m.*, repas, récréation, salle, jeu, plaisir, croisée, chaise, fauteuil, tabouret, oreille, orange, poirier, pommier, commode, broderie, groseille, prairie, verdure, pré, univers, éternité, arbre, arche, *f.*, étui, *m.*, aiguille, épingle, oncle, ongle, *m.*, accoudoir.

EXERCICES

Pour apprendre à distinguer le Nombre dans les Substantifs.

(Dicter des substantifs singuliers et des substantifs pluriels des deux genres, expliquer ce qu'on entend par singulier et par pluriel, faire ranger ces mots sur deux colonnes, les noms singuliers à gauche, les noms pluriels à droite, et mettre à côté de chaque substantif la lettre initiale du genre auquel il appartient comme il suit :)

1. La plaine, les montagnes, la politesse, la santé, les guerres, les écoliers, les enfants, la musique, le vase, les parfums, les remèdes, la maladie, les soldats, les troupes, les récits, le caractère, la dissipation, la tendresse, les soins, les misères, les princes, les peuples, la parole, le serment, la foi, un sacrement.

La plaine, *féminin*.	Les montagnes, f.
La politesse, f.	Les guerres, f.
La santé, f.	Les écoliers, m.
La musique, f.	Les enfants, m.
Le vase, *masculin*.	Les parfums, m.
La maladie, f.	Les remèdes, m.
Le caractère, m.	Les soldats, m.
La dissipation, f.	Les troupes, f.
La tendresse, f.	Les récits, m.
La parole, f.	Les soins, m.
Le serment, m.	Les misères, f.
La foi, f.	Les princes, m.
Un sacrement, m.	Les peuples, m.

2. La guerre, un arbre, des fleurs, *f.*, des fruits, une ville, des bourgs, *m.*, des campagnes, des pays, une contrée, une province, un trésor, une somme,

des richesses, *f.*, des talents, *m.*, des qualités, *f.*, une faute, un péché, un crime, des pensées, *f.*, des paroles, des actions, les remords, *m.*, le regret, le repentir, la pénitence, des caresses, *f.*, les coqs.

(Faire ce devoir, ainsi que ceux qui suivront comme le précédent.)

3. La paix, la guerre, un fléau, les malheurs, les divisions, *f.*, des revers, la douceur, la colère, la discorde, un auteur, des écrivains, des poètes, *m.*, la poésie, des écrits, *m.*, les pays, les lignes, *f.*, des beautés, *f.*, la grâce, la promenade, le repos, les loisirs, *m.*, des oublis, *m.*, un sort, une fortune, les habitudes, *f.*, des victoires, un mur, des murailles, *f.*

4. Des triomphes, *m.*, une cloison, des choix, *m.*, des mois, des semaines, les pas, la cloche, le clocher, les bas, la laine, une clef, les prix, des succès, des procès, un oiseau, la coutume, un usage, les mœurs, *f.*, des ancêtres, *m.*, les funérailles, la parure, les vêtements, la honte, la pudeur, les éléments, la maison, la table, les villes, les villages, une rose, une roue, une barque.

5. Les vêpres, *f.*, la messe, des services, un office, des croix, des voiles, *m.*, des vases, un temple, un honneur, une montagne, le motif, la raison, les délices, *f.*, les agréments, les mouches, des corps, des hardes, *f.*, un esprit, une âme, une inclination, des mouchettes, *f.*, la passion, le goût, le dégoût, les caprices, *m.*, les désirs, les répugnances, *f.*

6. Le vent, la pluie, la tempête, les vivres, *m.*, les souliers, les gants, des obsèques, *f.*, des appas, *m.*, un essai, une épreuve, la nuit, les ténèbres, *f.*, les bornes, *f.*, le courage, un espoir, une espérance, une attente, une idée, des efforts, *m.*, des actes, *m.*, des actions, des annales, *f.*, des prétextes, *m.*, des mensonges, la vérité, le soir, le matin, les souffrances, *f.*

EXERCICES

Pour apprendre à former le Pluriel dans les Noms.

(Dicter le singulier des substantifs suivants et faire les élèves
en former le pluriel et en marquer le genre).

1° Règle générale.

SINGULIER.	PLURIEL.
La prière,	Les prières.
Le désir,	Les désirs.
Le vent,	Les vents.
La lecture,	Les lectures.
Le soupir,	Les soupirs.
La maison,	Les maisons.
La montagne,	Les montagnes.
Le cri,	Les cris.
La course,	Les courses.
Le jugement,	Les jugements.
Le trésor,	Les trésors.
La route,	Les routes.
Le sentier,	Les sentiers.
Le lion,	Les lions.
Le grain,	Les grains.
La raison,	Les raisons.
Le moment,	Les moments.
Le serment,	Les serments.
Le glaive,	Les glaives.
Le fusil,	Les fusils.
La forêt,	Les forêts.
La marche,	Les marches.
Le jour,	Les jours.
Le besoin,	Les besoins.
La grâce,	Les grâces.
Le chemin,	Les chemins.
Le degré,	Les degrés.
La faute,	Les fautes.
Le blé,	Les blés.

SINGULIER.	PLURIEL.
Le droit,	Les droits.
La sueur,	Les sueurs.
Le respect,	Les respects.
Le soldat,	Les soldats.
La guerre,	Les guerres.

(Dicter dans les devoirs suivants le singulier des substantifs et les faire ranger en colonnes comme ci-dessus. — On trouvera entre parenthèse le singulier des substantifs qui pourraient offrir quelque difficulté).

2. Les combats, les cœurs, les villes, les bourgs, les liens, les fourmis, les grenouilles, les rues, les pavés, les pierres, les plantes, les tables, les viandes, les pains, les beurres, des aumônes, des honneurs, des amis, des ennemis, des esprits, des habitudes, des habits, des ans, des années, des entretiens, des miracles, des études, des autorités, des heures.

3. Des abords, des êtres, des appétits, des histoires, des devoirs, des leçons, des règles, des hommes, des femmes, des enfants, des pères, des mères, des frères, des sœurs, des parents, des liaisons, des remèdes, des revenus, des dépenses, des points, des étendards, des années, des capitaines, des officiers, des combats, des blessures, des couvents, des communautés.

2° Addition des Noms terminés par *s*, *x*, *z*.

4. Les corps (le corps), les secours (le secours), les succès (le succès), les pavés, les parvis (le parvis), les rats, les souris (la souris), les navires, les bâtiments, les tapis (le tapis), les couvertures, des conseils, des avis (un avis), des logis (un logis), des édifices, des mains, des bras (un bras), des prix (un prix), des récompenses, des bouches, des nez (un nez), des mois (un mois), des saisons, les paroles, les discours (le discours), des contrées, des embarras (un embarras), les perdrix (la perdrix), les riz (le riz).

1*

5. Des propos (un propos), des mots, des os (un os), des loges, des demandes, les refus (le refus), les pesanteurs, les poids (le poids), les pois (le pois), des époux (un époux), des épouses, les voix (la voix), les sons, les taffetas (le taffetas), les soies, les chaux (la chaux), les sables, des choix (un choix), les paix (la paix), les guerres, les repas (le repas), des années, des semaines, des flux (un flux), les reflux (le reflux), les rhumes, les colères, les pas (le pas), les marches.

6. Les faix (le faix), les gelées, des appas (un appas), les graviers, des crucifix (un crucifix), les poussières, les chaleurs, des voix (une voix), les frimas (le frimas), les repas (le repas), les verglas (le verglas), les froids, les tempêtes, les bourses, des fatras (un fatras), des galimatias (un galimatias), des lilas (un lilas), les trésors, les sermons, des noix (une noix), des instructions, des écoles, des pensionnats, des dais (un dais), des dés, les cathéchismes.

3° Addition des Noms terminés par *au* et par *eu*.

7. Les jeux, les bateaux, les croix (la croix), les lieux, les lieues, les chapeaux, les filles, les fils (le fils), les désirs, les vœux, les repas, les barreaux, les cours, les adieux, les aveux, des berceaux, des lits, des lis (un lis), les fourneaux, les riz (le riz), les ris (le ris), les cheveux, les chevelures, les chefs, les héros (le héros), les peaux, les pieux, les pesanteurs, les poids (le poids), les pois (le pois).

8. Les vermisseaux, les milieux, les berceaux, les rossignols, les perdrix (la perdrix), les perdreaux, les lièvres, les laperaux, les tapis (le tapis), les rideaux, les crapauds, les veaux, les compas (le compas), les bandeaux, les poteaux, les harnais (le harnais), les marais (le marais), les flammes, les feux, les corbeaux, les corneilles, les châteaux, les neveux, des oncles, des ruisseaux, des pruneaux, des creux (un creux), des côteaux.

9. Les caïeux, les carreaux, les fronts, les bouches, les drapeaux, les boisseaux, les bœufs, les taureaux, les mentons, les bras (le bras), des églises, les fourneaux, les parvis (le parvis), les taffetas (le taffetas), les coudes, les lièvres, des compas (un compas), des pruneaux, des fricandeaux, des vernis (un vernis), les coutelas (un coutelas), les hachis (le hachis), les bouillies, des trousseaux, des Chinois (un Chinois), des vœux.

4º Addition des Noms terminés par *ou*.

10. Les coucous, les genoux, des essieux, des lambeaux, des étaux, des agneaux, les cous, les coups, les crucifix (le crucifix), les cailloux, les hiboux, les boyaux, des bijoux, les foyers, les museaux, les gruaux, les joyaux, les joujoux, les bambous, les vernis (le vernis), les chevreaux, les louveteaux, les poux, les pouls (le pouls), les troupeaux, les trousseaux, les verroux, les choux, les fils (à coudre), les lacs.

11. Les tombeaux, les tonneaux, des ouvrages, des roseaux, des histoires, les clous, des étangs, des fontaines, des fuseaux, des sous, les portraits, les bougies, les cerveaux, les fous, les cailloux, les gruaux, les coutelas (le coutelas), les murs, les dos (le dos), les paquets, les cerceaux, les creux (le creux), les neveux, les corbeaux, les préfets, les palais (le palais), les rats, les taupes, les souriceaux.

12. Les choux, les carreaux, les sabots, les souliers, les trous, les feux, les joyaux, les lambeaux, les cailloux, les panneaux, les maires, les mères, les mers, les licous, les couvertures, les coutelas (le coutelas), les noix (la noix), les berceaux, des choix (un choix), des souris (une souris), les voyelles, les chaux (la chaux), les faix (le faix), les fardeaux, les coucous, des canevas (un canevas), des draps, des joujoux.

5° Addition des Noms terminés par *al*.

(Tous les substantifs dont le pluriel est *aux* ont le singulier en *al*, sauf quelques exceptions que l'on indiquera entre parenthèses.)

13. Les chevaux, les caporaux, les sous, les fourreaux, les faix (le faix), les cardinaux, les sciences, les tribunaux, les vertus, les chagrins, les remords (le remords), les désespoirs, les minéraux, les fautes, les péchés, les maux, les bals, des conseils, des choix (un choix), des cailloux, les locaux, les généraux, les fous, les filous, les noyaux (le noyau), les trous, des pages, des grâces, les carnavals, les provinciaux.

14. Les totaux, les régals, des cachots, des voies, des hôpitaux, des poissons, des gibiers, des souliers, des couteaux, les capitaux, les bambous, les ciseaux, des matous, les chacals, les licous, les tribunaux, les corporaux, les feuilles, des fanaux, des journaux, les vassaux, des amas (un amas), des monceaux, des animaux, des drapeaux, des signaux, des minéraux, des mines.

15. Des carnavals, des grenouilles, les caporaux, les philosophes, des locaux, des taffetas (un taffetas), des voix (une voix), des cheveux, les vermisseaux, les capitaux, les cous, les coups, les genoux, des bals, des rivaux, des atlas, des géographies, des géographes, les cartes, les cahiers, les vassaux, les maux, les mépris (le mépris), des injures, les souffrances, des totaux, les quintaux, des pas (un pas).

6° Addition des Noms terminés par *ail*.

16. Les bercails, les camails, les coraux (le corail), les sénéchaux, les attirails (un attirail), les végétaux, les gouvernails, les sérails, les travaux et les travails, des détails, des canaux, des ruisseaux, des quintaux, des portails, des épouvantails, des œils et des yeux, des lieux, les principaux, les provinciaux, des essieux, les cristaux, les tableaux, les portraits, les gravures,

des baux (un bail), des émaux (un émail), des soupiraux (un soupirail), des affaires, des procès (un procès.

17. Des vantaux (un vantail), les gluaux (le gluau), des aloyaux (un aloyau), des torrents, des cailloux, des adieux, les maréchaux, les métaux, des tréteaux, des chameaux, les taillis (le taillis), des tuyaux (un tuyau), des sceaux, des bercails, les travaux et les travails, des choux, des brebis (une brebis), des veaux, les courroux (le courroux), les soupiraux (le soupirail), les détails, des fanaux, des gouvernails, des journaux, des plateaux, les clefs.

18. Des écailles, des émaux (un émail), des aveux, des os (un os), les tribunaux, des agneaux, des accès, (un accès), les maux, les camails, les robes, les bas (un bas), des fichus, les écheveaux, des éclairs, des époux (un époux), des ormeaux, les trumeaux, les détails, les canaux, les rivières, les soupiraux (le soupirail), des yeux et des œils, des avis (un avis), les bandeaux, les bois (le bois), des îles, des aïeux et des aïeuls, des oremus (un oremus), des prières.

RÉCAPITULATION

De toutes les Règles sur la formation du Pluriel dans les Noms.

19. Des cours, des morceaux, les désaveux, les bambous, les carnavals, les vents, les vernis (le vernis), les peintures, des boisseaux, les lambris (le lambris), les cieux et ciels, des compas (un compas), des bourreaux, des cailloux, des noix (une noix), des camails, des fuseaux, les fous, les raisons, des dieux, des voix (une voix), des voies, des aïeux et des aïeuls, les trépas (le trépas), les poteaux, des manies.

20. Des fanaux, des yeux et des œils, des enfants, des abus (un abus), des oiseaux, des arsenaux, des aveux, des émaux (un émail), les moineaux, les grains, les pailles, des éléments, des confessionnaux, des an-

neaux, les portails, des églises, les fléaux, les pierreries, les bijoux, les maîtres, les laquais (le laquais),
les disputes, des adieux, des outrages, des couvertures, des attirails, des miroirs.

21. Des lumières, des monuments, des écheveaux,
les grandeurs, les bassesses, les chariots, des essieux,
des amusements, des cadenas (un cadenas), les fruits,
les marteaux, les choux, les jeux, les couteaux, les
tableaux, les étaux (un étau), des servals, les canevas
(le canevas), les temps (le temps), les motifs, des choix
(un choix), des bals, les baux (le bail), les bureaux,
les genoux, les peuples.

22. Les nations, les maréchaux, les chevaux, les bé-
deaux, les noix (la noix), les branches, les rameaux, les
travaux et les travails, les fatigues, les cerveaux, les trous,
des fosses, des hiboux, les sous, les bienfaits, les services, les caveaux, les crimes, les tombes, les tombeaux,
des rivaux, les repas (le repas), les présents, les repos
(le repos), des cheveux, les héros (le héros), les propos
(le propos), les blaireaux, les soupiraux (le soupirail),
les biens, les maux.

23. Les cheveux, les corbeaux, les prés, les régals,
les trumeaux, les sons, les piédestaux, les croix, les
commandements, les chalumeaux, les soleils, les
cieux et les ciels, des planètes, des canaux, des carnavals, des lambeaux, les vermisseaux, les temps (le
temps), les peaux, les mouvements, les drapeaux, les
combats, les museaux, les phrases, les sens (le sens).

24. Les bambous, les joies, les dents, les doigts,
les pieds, les mains, des verrous, des coucous, des
coraux (un corail), des pères, des berceaux, des coutelas (un coutelas), des cailloux, les jeux, les refus (le
refus), les murs, les creux (le creux), des détails, des
régals, les marins, les capitaines, des aïeuls et des
aïeux, des poteaux, les licous, les fous, des landaus
(un laudau), *bétail* n'a pas de pluriel.

CHAPITRE II.

DE L'ARTICLE.

QUESTIONS SUR CE CHAPITRE.

1° Qu'est-ce que l'article ? — 47.
2° Combien avons-nous d'articles en français ? — 48.
3° Quand emploie-t-on *le*, *la*, *les*? — 49.
4° Pourquoi *du*, *des*, *au*, *aux*, sont-ils appelés articles composés ? — 50.
5° Quand supprime-t-on *e*, *a*, dans l'article simple ?
— 51.

EXERCICES

Pour apprendre à distinguer les Articles.

(Souligner dans les locutions suivantes d'une barre les articles simples, et de deux barres les articles composés.)

1. Le courage, la force, l'esprit, les talents de l'homme ; la gloire du ciel ; l'abîme des enfers ; la simplicité de la colombe ; la prudence du serpent ; l'ombre des forêts ; le parfum des fleurs ; le murmure du ruisseau ; résistance à la paresse, au dégoût, aux inclinations du cœur ; la crainte du mal ; l'amour du bien.

2. L'étude du cathéchisme, de la grammaire, de l'histoire, de l'arithmétique, des sciences ; l'attention à écrire, aux règles, aux explications des maîtresses ; le mépris des honneurs ; l'application à l'étude ; le renoncement au péché, à la dissipation, aux légèretés ; le courage du lion ; la férocité du tigre ; la force des taureaux.

3. La fierté des chevaux ; les bienfaits de l'éducation ; les sentiments de reconnaissance ; gloire à Dieu ; paix aux hommes ; l'histoire du monde ; la succession des temps ; les récits des faits ; l'arrivée du printemps ; le feuillage des arbres ; les chants des oiseaux ; la pureté de l'air ; l'éclat des fleurs ; la cessation des jeux.

4. Guerre au démon, au monde, aux vanités du siècle ; la croyance aux fables, aux absurdités du paganisme ; l'heure du travail ; le temps de la prière ; la résistance aux distractions ; les efforts de l'âme ; l'application de l'esprit, du cœur à Dieu ; l'éclat des grandeurs ; l'infinité des perfections de Dieu ; adieu aux maximes, aux fêtes, aux pompes du monde ; fidélité à la loi de Dieu.

EXERCICES

Sur l'emploi de l'Article simple.

Dicter les substantifs suivants, les faisant mettre au singulier et au pluriel sur deux colonnes, en y faisant ajouter les articles pour lesquels on supprimera l'*e* ou l'*a* devant une voyelle ou un *h* muet, et dans ce cas on fera l'élève désigner la voyelle sous-entendue. Les parenthèses sont pour la maîtresse seulement.

1. Troupe, armée, honneur, gloire, abus, joujou, ciel, air, feu, foyer, cendre, animal, coucou, oiseau, perdrix, cheval, jument, âne, horreur, génie, esprit, talent, homme, femme, enfant, héros, héroïne, général, pois, haricot, hiver, printemps, automne, conte, histoire.

SINGULIER.	PLURIEL.
La troupe,	Les troupes.
L'armée (pour la armée),	Les armées.

SINGULIER.	PLURIEL.
L'honneur (pour le),	Les honneurs.
La gloire,	Les gloires.
L'abus (pour le),	Les abus.
Le joujou,	Les joujoux.
Le ciel,	Les ciels et les cieux.
L'air (pour le),	Les airs.
Le feu,	Les feux.
Le foyer,	Les foyers.
La cendre,	Les cendres.
L'animal (pour le),	Les animaux.
Le coucou,	Les coucous.
L'oiseau (pour le),	Les oiseaux.
La perdrix,	Les perdrix.
Le cheval,	Les chevaux.
La jument,	Les juments.
L'âne (pour le),	Les ânes.
L'horreur (pour la),	Les horreurs.
Le génie,	Les génies.
L'esprit (pour le),	Les esprits.
Le talent,	Les talents.
L'homme (pour le),	Les hommes.
La femme,	Les femmes.
L'enfant (pour le, quand on désigne un garçon ; pour la quand on parle d'une fille),	Les enfants.
Le héros,	Les héros.
L'heroïne (pour la),	Les héroïnes.
Le général,	Les généraux.
Le haricot,	Les haricots.
L'hiver (pour le),	Les hivers.
Le printemps,	Les printemps.
L'automne,	Les automnes.
Le conte,	Les contes.
L'histoire (pour la),	Les histoires.

2. Hibou (le), honnêteté (l' pour la), penchant, inclination, prairie, jardin, papillon, inconstance, antiquité (l' pour la), aïeul, origine, ormeau, laine, fil, oubli, dindon, oie, fourche, râteau, instrument,

épine, ronce, épi, blé, œil, regard, vue, ornement, décoration, enjeu (l' pour le), original, émail, intention.

3. Essai (l' pour le), estime (l' pour la), hommage, hoyau (le), humeur, huppe (la), huile, aboiement, hurlement (le), hutte (la), loge, huître, coquille, armoire, buffet, tiroir, couteau, honte (la), horloge, pendule, succession, héritage, gazon, herbe, éclat, école, oracle, éclair, tête, dos, épaule, édifice, chambre, échelle, escalier.

4. Ecriture, orange, impression, écho, défaut, faute, tambour, caporal, écuelle, soupe, pension, pain, écrivain, écrit, jeu, table, maison, édifice, écueil, écuyer, fou, épouvantail, arc, écureuil, héritage, rose, renoncule, écrit, écriteau, courroux, coutelas, animal, émail, fourreau, vertu.

EXERCICES

Sur l'emploi de l'Article composé.

(Dicter les locutions suivantes telles qu'elles se trouvent dans la colonne à gauche, faisant changer ce qu'il peut y avoir de défectueux.)

DICTÉE.	CORRIGÉ.
1. Le goût de le pain.	Le goût du pain.
La rondeur de la table.	La rondeur de la table.
La malice de le chat.	La malice du chat.
La douceur de les agneaux.	La douceur des agneaux.
Respect à la vieillesse.	Respect à la vieillesse.
Respect à le vieillard.	Respect au vieillard.
Le chant de les oiseaux.	Le chant des oiseaux.
La faiblesse de le chevreau.	La faiblesse du chevreau.
Honte à les voleurs.	Honte aux voleurs.
2. Honneur à le père.	Honneur au père.
Honneur à la mère.	Honneur à la mère.
Amitié à le frère.	Amitié au frère.
Amitié à la sœur.	Amitié à la sœur.
Amour de la vertu.	Amour de la vertu.

DICTÉE.	CORRIGÉ.
Horreur de le vice.	Horreur du vice.
Aumône à les pauvres.	Aumône aux pauvres.
La durée de la vie.	La durée de la vie.
La durée de les temps.	La durée des temps.
3. La crainte de le péché.	La crainte du péché.
L'amour de l'étude.	L'amour de l'étude.
La honte de la paresse.	La honte de la paresse.
La simplicité de les enfants.	La simplicité des enfants.
Guerre à les passions.	Guerre aux passions.
Application à le travail.	Application au travail.
Droiture de l'intention.	Droiture de l'intention.
La fuite de le monde.	La fuite du monde.
L'éloignement de les occasions.	L'éloignement des occasions.
La vanité de les biens de la terre.	La vanité des biens de la terre.
4. La brièveté de le temps de la vie.	La brièveté du temps de la vie.
Le professeur de le collége.	Le professeur du collége.
Honneur à le plus laborieux de les élèves,	Honneur au plus laborieux des élèves.
Secours à les malheureux,	Secours aux malheureux.
L'habitant de la prison.	L'habitant de la prison.
L'habitant de le cachot.	L'habitant du cachot.
L'histoire de les peuples.	L'histoire des peuples.
L'histoire de le monde.	L'histoire du monde.
La pratique de la vertu.	La pratique de la vertu.
La fuite de le mal.	La fuite du mal.

MODÈLE D'ANALYSE.

(Commencer à préparer à l'analyse en faisant analyser de vive voix et plusieurs fois les locutions suivantes qui devront être dictées en différentes fois).

Le père. La mère. Le frère. Les sœurs. La bonté de Dieu. La douceur de Marie. Le bonheur du pays de France. Le cousin. L'oncle. Les neveux. Les nièces. L'application de Pierre. Le succès de l'enfant. Le temps du travail. La durée des études. L'aliment des âmes. L'heure de la récréation. L'usage du temps. Honneur à la vierge Marie. Honneur au vieillard. Honneur aux parents.

Le	Art. simp. masc. sing., se rap. à *père*.
père.	Nom com., masc. sing.
La	Art. simp. fém. sing., se rap. à *mère*.
mère.	Nom com., fém. sing.
Les	Art. simp., masc. plur., se rap. à *frères*.
frères.	Nom com., masc. plur.
Les	Art. simp., fém. plur., se rap. à *sœurs*.
sœurs.	Nom com., fém. plur.
La	Art. simp., fém. sing., se rap. à *bonté*.
bonté	Nom com., fém. sing.
de	Préposition, mot inv.
Dieu.	Nom propre, masc. sing.
La	Art. simp., fém. sing., se rap. à *douceur*.
douceur	Nom com., fém. sing.
de	Préposition, mot inv.
Marie.	Nom propre, fém. sing.
Le	Art. simp., masc. sing., se rap. à *bonheur*.
bonheur	Nom com., masc. sing.
du	Pour *de le*, art. comp., masc. sing., se rap. à *pays*.
pays	Nom com., masc. sing.
de	Préposition, mot inv.
France.	Nom prop., fém. sing.
Le	Art. simp., masc. sing., se rap. à *cousin*.
cousin.	Nom com., masc. sing.
L'	Pour *le*, art. simp. masc. sing., se rap. à *oncle*.
oncle.	Nom com., masc. sing.
Les	Art. simp., masc. plur., se rap. à *neveux*.
neveux.	Nom com., masc. plur.
Les	Art. simp., fém. plur., se rap. à *nièces*.
nièces.	Nom com., fém. plur.
L'	Pour *la*, art. simp., fém. sing., se rap. à *application*.
application	Nom com., fém. sing.
de	Préposition, mot inv.
Pierre.	Nom prop., masc. sing.

Le	Art. simp., masc. sing., se rap. à *succès*.
succès	Nom com., masc. sing.
de	Préposition, mot inv.
l'	Pour *le*, art. simp., masc. sing.
enfant.	Nom com., masc. sing.
Le	Art. simp., masc. sing., se rap. à *temps*.
temps	Nom com., masc. sing.
du	Pour *de le*, art. comp., masc. sing., se rap. à *travail*.
travail.	Nom com., masc. sing.
La	Art. simp., fém. sing., se rap. à *durée*.
durée	Nom com., fém. sing.
des	Pour *de les*, art. comp., fém. plur., se rap. à *études*.
études.	Nom com., fém. plur.
L'	Pour *le*, art. simp., masc. sing., se rap. à *aliment*.
aliment	Nom com., masc. sing.
des	Pour *de les*, art. comp., fém. plur., se rap. à *âmes*.
âmes.	Nom com., fém. plur.
L'	Pour *la*, art. simp., fém. sing., se rap. à *heure*.
heure	Nom com., fém. sing.
de	Préposition, mot inv.
la	Art. simp., fém. sing., se rap. à *récréation*.
récréation.	Nom com., fém. sing.
L'	Pour *le*, art. simp., masc. sing., se rap. à *usage*.
usage	Nom com., masc. sing.
du	Pour *de le*, art. comp., masc. sing., se rap. à *temps*.
temps.	Nom com., masc. sing.
Honneur	Nom com., masc. sing.
à	Préposition, mot inv.
la	Art. simp., fém. sing., se rap. à *vierge*.
vierge	Nom com., fém. sing.
Marie.	Nom prop., fém. sing.
Honneur	Nom com., masc. sing.
au	Pour *à le*, art. comp., masc. sing., se rap. à *vieillard*.

vieillard.	Nom com., masc. sing.
Honneur	Nom com., masc. sing.
aux	Pour *à les*, art. comp., masc. plur., se rap. à *parents*.
parents.	Nom com., masc. plur.

CHAPITRE III.

DE L'ADJECTIF.

QUESTIONS SUR CE CHAPITRE.

1. Quelle est la fonction de l'adjectif? — 52.

(Pour chaque question la maîtresse se contentera de faire apprendre dans la Grammaire une réponse précise, mais aussi courte que possible. Ainsi à la question posée au nº 52, on répondra seulement :

L'adjectif a pour fonction d'exprimer les qualités, les formes, les couleurs, en un mot, toutes les manières d'être des personnes ou des choses.

(Plus un exemple au choix de l'élève, et plusieurs, s'il le faut).

2. Pourquoi l'adjectif varie-t-il dans sa terminaison? — 53.

3. Quels sont les adjectifs qui restent au féminin tels qu'ils sont au masculin? — 54.

4. Quels sont les adjectifs qui forment leur féminin par l'addition d'un *e* muet? — 55.

5. Quels sont les adjectifs qui exigent au féminin la réduplication de la dernière lettre et l'addition d'un *e* muet? — 57. 1º, 2º, 3º, 4º, 5º, 6º.

6. Comment les adjectifs terminés au masculin par *f* forment-ils leur féminin? — 59. 1º.

7. Comment les adjectifs terminés au masculin par *x* forment-ils leur féminin? — 59. 2º.

8. Comment se forme le féminin des adjectifs *blanc*, *franc*, etc.? — 59. 3º.

9. Quels sont les adjectifs qui ne s'emploient pas au féminin? — 59. 4º.

10. Comment les adjectifs en *eur* formés d'un participe présent forment-ils leur féminin? — 59. 5º.

11. Comment les adjectifs en *teur* non formés d'un participe présent forment-ils leur féminin ? — 59. 5°.

12. Qu'y a-t-il à remarquer sur l'adjectif *amateur* ? — 60.

13. Quels sont les adjectifs en *eur* qui ont une double formation féminine ? — 62, 63, 64, 65, 66, 67, 68.

14. Qu'y a-t-il à remarquer sur la formation du féminin des adjectifs en *érieur* ? — 68 *bis*.

15. Qu'y a-t-il à remarquer sur les adjectifs en *eur* qui expriment des professions, des états plus particulièrement exercés par des hommes ? — 68 *ter*.

16. Comment forme-t-on le pluriel des adjectifs ? — 69.

17. Quels sont les adjectifs qui ne changent pas au pluriel masculin ? — 69. 1°.

18. Comment se forme le pluriel masculin des adjectifs en *au* ? — 69. 2°.

19. Comment se forme le pluriel masculin des adjectifs en *ul* ? — 69. 3°.

(Les adjectifs portés au n° 71, suivant la règle générale des adjectifs en *al*, c'est-à-dire formant leur pluriel masculin en *aux*, sauf fatal, il est inutile de les faire apprendre.)

20. Qu'y a-t-il à remarquer pour les trois adjectifs *martial*, *pectoral* et *nasal* ? — 71.

21. Quels sont les adjectifs en *al* que l'Académie n'emploie pas au pluriel masculin, mais qui y sont cependant usités moyennant l'addition d'un *s* ? — 72.

(Voir la note qui s'y rattache.)

22. Quels sont les adjectifs en *al* sur le pluriel masculin desquels l'Académie ne se prononce pas ? — 73.

23. Quels sont parmi ces adjectifs ceux dont le pluriel masculin en *aux* est généralement reçu ?

Cural (en terme de médecine), *décimal*, *déloyal*, *immoral*, *partial*, *impartial*.

24. Quels sont parmi ces mêmes adjectifs ceux dont le pluriel masculin en *al* est généralement reçu ?

Final, *pascal*, *théâtral*.

25. Combien les adjectifs marquent-ils de degrés de signification ? — 76.

26. *Qu'est-ce que le positif?* — 77.

27. *Qu'exprime le comparatif et comment se forme-t-il?* — 78.

28. *Quels sont les trois adjectifs qui expriment à eux seuls une comparaison?* — 78 *bis*.

29. *Qu'exprime le superlatif, combien y en a-t-il, et comment se forment les différents superlatifs?* — 79.

30. Qu'appelle-t-on adjectifs déterminatifs? — 80.

31. Combien y a-t-il de sortes d'adjectifs déterminatifs? — 82.

32. Quelle est la fonction des adjectifs démonstratifs, et quels sont ces adjectifs? — 83.

33. Quand emploie-t-on *ce*, et quand emploie-t-on *cet* pour le masculin singulier? — 83 *bis*.

34. Quelle est la fonction des adjectifs possessifs et quels sont ces adjectifs? — 84.

35. Quand emploie-t-on *mon, ton, son*, devant un substantif féminin singulier? — 85.

36. Quelle est la fonction des adjectifs numéraux? — 86.

37. Combien y a-t-il de sortes d'adjectifs numéraux? — 87.

38. Que marquent les adjectifs de nombres cardinaux? — 88.

39. Que marquent les adjectifs de nombres ordinaux? — 89.

EXERCICES

Pour apprendre à reconnaître les Adjectifs.

(Dicter les locutions suivantes et les faire ranger sur trois colonnes, savoir : les articles dans la première, les noms dans la seconde, et les adjectifs dans la troisième.)

1. Le père tendre, la mère pieuse, le jour clair, la nuit sombre, le joli livre, la belle gravure, la lettre charmante, le gros chat, le chien fidèle, le vieux mouton, le cahier sale, la petite fille, la table ronde, le beau jardin, le bon Dieu, la sainte Vierge.

ARTICLES.	SUBSTANTIFS.	ADJECTIFS.
Le	père	tendre.
La	mère	pieuse.
Le	jour	clair.
La	nuit	sombre.
Le	livre	joli.
La	gravure	belle.
La	lettre	charmante.
Le	chat	gros.
Le	chien	fidèle.
Le	mouton	vieux.
Le	cahier	sale.
La	fille	petite.
La	table	ronde.
Le	jardin	beau.
Le	Dieu	bon.
La	Vierge	sainte.

2. La prière fervente, le désir ardent, le nouveau cantique, la haute montagne, la basse vallée, le vent froid, le soleil brûlant, la belle journée, la fraîche matinée, le ciel pur, le long bâton, la feuille légère, la vaine gloire, la cruelle maladie, le puissant prince, le voleur rusé, le sot dindon, le fin renard.

(Faire faire ce devoir et les suivants comme celui qui précède.)

3. La haute croix, la tour élevée, le fier lion, le superbe cheval, la brebis timide, la petite colombe, le travail fructueux, le vain plaisir, la sotte vanité, la sainte semaine, la douce paix, la cruelle guerre, le père tendre, la bonne mère, le nouveau catéchisme, le grand secret, le collége nombreux.

4. La belle maison, le bon pain, le jeu nouveau, le jeune poulet, le marchand injuste, le propos léger, le doux repos, le soldat intrépide, le rapide progrès, le bon blé, la sainte méditation, la bonne pensée, la fervente prière, la foi ferme, la confiance vive, la grande charité, la véritable dévotion, le cruel martyre, la profonde plaie, le mal violent, la précieuse mort.

5. Le petit fanal, le signal court, le sommeil doux, la mer orageuse, le petit devoir, le beau poisson, le

fils sage, la fille soumise, la retraite tranquille, le goût délicat, le bon pasteur, la jolie statue, le pieux dessein, le nouveau ministre, la grande place, le joli vase, la jolie rose, la salutaire pensée, la mère indulgente.

6. Le bon Jésus, la bonne Vierge, le saint patron, la troupe angélique, le glorieux séraphin, le sage conseil, le bon chrétien, la modeste parure, la marche lente, le vent froid, le soleil chaud, la haute montagne, la basse vallée, le maître borgne, la grande plante, la bonne mort, le jugement particulier, le dernier soupir, le beau ciel, la céleste patrie.

(A chacune des locutions suivantes il faudra ajouter l'article avec ou sans apostrophe suivant le besoin.)

1. Image belle, inutile soin, homme insensé, petit enfant, obscur appartement, orgueilleux désir, mauvaise humeur, agréable journée, utile promenade, air embaumé, heureux caractère, intrépide soldat, ombre fraîche, histoire ancienne, grand embarras, accident funeste, aimable société, inclination heureuse.

ARTICLES.	SUBSTANTIFS.	ADJECTIFS.
L'	image	belle.
Le	soin	inutile.
L'	homme	insensé.
L'	enfant	petit.
L'	appartement	obscur.
Le	désir	orgueilleux.
L'	humeur	mauvaise.
La	journée	agréable.
La	promenade	utile.
L'	air	embaumé.
Le	caractère	heureux.
Le	soldat	intrépide.
L'	ombre	fraîche.
L'	histoire	ancienne.
L'	embarras	grand.
L'	accident	funeste.
La	société	aimable.
L'	inclination	heureuse.

2. Doux agneau, ouvrage charmant, étude utile, éternelle charité, éternel adieu, ancien château, animal rusé, indigne conduite, coupable action, intention pure, folle imagination, belle âme, aimable vertu, vice hideux, parole douce, fréquente occasion, arbre utile, herbe fleurie, pieuse enfant, heure avancée, grand air.

(Faire faire ce devoir et les suivants comme celui qui précède.)

3. Extrême timidité, orgueilleuse raison, grand courage, habile ouvrier, injuste demande, heureux sort, fausse illusion, grand embarras, société aimable, funeste accident, éternel adieu, œil gris, humeur joyeuse, bon chrétien, histoire nulle, assiette ronde, magnifique monument, grand hospice, doux espoir.

4. Bonne raison, vertu admirable, timide rossignol, grand courage, mauvais ouvrier, homme riche, enfant pieux, large rivière, sainte ivresse, jeune espagnol, petit étang, hiver froid, avis salutaire, bon conseil, entière docilité, prompte obéissance, petit hôpital, jeune âge, belle église, petit savoir.

Formation du Féminin dans les Adjectifs.

(Dicter le masculin des adjectifs suivants et faire les élèves en former le féminin.)

Première Règle.

MASCULIN.	FÉMININ.
1. Triste,	Triste.
Sensible,	Sensible.
Avare,	Avare.
Riche,	Riche.
Pauvre,	Pauvre.
Timide,	Timide.
Fidèle,	Fidèle.
Intrépide,	Intrépide.
Habile,	Habile.
Sage,	Sage.
Agréable,	Agréable.
Aimable,	Aimable.

MASCULIN.	FÉMININ.
Honnête,	Honnête.
Calme,	Calme.
Tranquille,	Tranquille.
Agile,	Agile.
Faible,	Faible.
Admirable,	Admirable.
Rouge,	Rouge.
Jeune,	Jeune.
Sociable,	Sociable.
Humide,	Humide.
Méconnaissable,	Méconnaissable.
Inflexible,	Inflexible.
Pâle,	Pâle.
Paisible,	Paisible.
Maussade,	Maussade.
Oblique,	Oblique.
Désagréable,	Désagréable.
Etrange,	Etrange.
Fantasque,	Fantasque.
Mobile,	Mobile.
Invisible,	Invisible.
Horrible,	Horrible.
Délectable,	Délectable.
Insensible,	Insensible.

Addition de la deuxième Règle.

(Faire faire ce devoir comme le précédent, ayant soin d'ajouter un *e* muet au masculin lorsqu'il y aura lieu.)

2. Grand, petit, savant, noble, ignorant, poli, obligeant, vrai, ingrat, égoïste, reconnaissant, patient, sourd, abondant, prudent, aveugle, étourdi, sensé, obéissant, hardi, content, froid, chaud, étroit, violent, masculin, féminin, adorable, joli, laid, fin, insensible, saint, fort, libéral, prompt.

Addition de la première exception.

(Faire doubler la dernière consonne, et ajouter un *e* muet au féminin. On fera observer que les adjectifs en *yen* suivent la même règle que les adjectifs en *ien*. On aura soin aussi de faire remarquer les adjectifs dont le féminin ne suit point la règle de cette première exception.)

3. Grand, éternel, infidèle (infidèle), inconstant (inconstante), muet, bon, aimable, chrétien, modeste, charmant, vert, vermeil, secret (secrète), sage, muet, ancien, mignon, content, brave, pareil, discret (discrète), nul, net, complet (complète), solennel, italien, français, allemand, citoyen, laid, replet (replète), bouffon, certain, tel, quel, mitoyen, pur, malsain, inquiet (inquiète), sujet, juste, musicien, ponctuel, breton, sage, annuel, païen, obscur, noir, artificiel.

4. Haut, bas, gros, gras, lassé, universel, las, replet (replète), jumeau (jumelle), sensuelle, nouveau (nouvelle), injuste, gentil, beau (belle), sot, rusé, épais, lourd, fatal, funeste, nul, discret (discrète), naturel, bouffon, paysan, fou (folle), parfait, profès (professe), concret (concrète), innocent, criminel, commun, ordinaire, douillet, délicat, moral, utile, ardent, mou (molle), hardi, artificiel.

Addition des Adjectifs compris dans les deux premiers numéros de la deuxième exception.

5. Emporté, vif, malheureux, pauvre, poltron, heureux, inquiet (inquiète), attentif, étourdi, curieux, niais, douillet, creux, vide, neuf, vieux (vieille), ancien, antique, doux (douce), bon, rouge, roux (rousse), honteux, craintif, criminel, coupable, mauvais, épais, immortel, tardif, audacieux, fripon, sourd, muet, furtif, furieux, infidèle, habile, sage, pouf (pouf).

6. Beau (belle), vilain, laid, joli, sage, fou (folle), vain, inutile, oiseux, dur, mou (molle), perpétuelle, relatif, odieux, jumeau (jumelle), sot, étourdi, jeune,

inconstant, nouveau (nouvelle), pareil, complet (complète), essentiel, aigre, aigret, charmant, joli, mignon, petit, gentil, heureux, sensible, fautif, universel, libéral, généreux, mutuel, paresseux, négligent, important, faux, controuvé, doux, moelleux.

Addition des Adjectifs compris dans le n° 3 et le n° 4 de la deuxième exception.

7.

MASCULIN.	FÉMININ.
Rouge,	Rouge.
Bleu,	Bleue.
Blanc,	Blanche.
Noir,	Noire.
Fin,	Fine.
Malin,	Maligne.
Bon,	Bonne.
Bénin,	Bénigne.
Bref,	Brève.
Court,	Courte.
Long,	Longue.
Large,	Large.
Couvert,	Couverte.
Commun,	Commune.
Public,	Publique.
Vulgaire,	Vulgaire.
Formel,	Formelle.
Joyeux,	Joyeuse.
Caché,	Cachée.
Secret,	Secrète.
Franc,	Franche.
Désirable,	Désirable.
Gros,	Grosse.
Lourd,	Lourde.
Pesant,	Pesante.
Sec,	Sèche.
Froid,	Froide.
Humide,	Humide.
Frais,	Fraîche.

MASCULIN.	FÉMININ.
Fragile,	Fragile.
Caduc,	Caduque.
Breton,	Bretonne.
Français,	Française.
Turc,	Turque
Allemand,	Allemande.
Russe,	Russe.
Italien,	Italienne.
Grec,	Grecque.
Latin,	Latine.
Anglais,	Anglaise.
Prussien,	Prussienne.
Normand,	Normande.
Gascon,	Gasconne.
Rond,	Ronde.
Oblong,	Oblongue.
Franc (langage).	Franque.

8. (Ajouter ici que les adjectifs terminés par *er* forment leur féminin par l'addition d'un *e* muet, et prennent un accent grave à leur avant-dernière syllabe au féminin, et que les adjectifs en *gu* prennent un tréma sur le dernier *e* au féminin.)

MASCULIN.	FÉMININ.
Aigu,	Aigüe.
Léger,	Légère.
Lourd,	Lourde.
Gras,	Grasse.
Orgueilleux,	Orgueilleuse.
Humble,	Humble.
Doux,	Douce.
Bon,	Bonne.
Prévenant,	Prévenante.
Affable,	Affable.
Poli,	Polie.
Rude,	Rude.
Ardu,	Ardue.
Contigu,	Contigüe.
Scabreux,	Scabreuse.
Cher,	Chère.
Favori,	Favorite.

MASCULIN.	FÉMININ.
Fidèle,	Fidèle.
Prévenu,	Prévenue.
Rebelle,	Rebelle.
Ambigu,	Ambigüe.
Fluet,	Fluette.
Petit,	Petite.
Exigu,	Exigüe.
Gros,	Grosse.
Haut,	Haute.
Elevé,	Elevée.
Altier,	Altière.
Bas,	Basse.
Rampant,	Rampante.
Humble,	Humble.
Jaloux,	Jalouse.
Primitif,	Primitive.
Mondain,	Mondaine.
Dissipé,	Dissipée.
Vaniteux,	Vaniteuse.
Guerrier,	Guerrière.
Sévère,	Sévère.
Cruel,	Cruelle.
Intrépide,	Intrépide.
Foncier,	Foncière.
Follet,	Follette.
Nu,	Nue.
Vêtu,	Vêtue.
Fastueux,	Fastueuse.
Spirituel,	Spirituelle.
Officieux,	Officieuse.
Logicien,	Logicienne.
Las,	Lasse.
Châtain,	(Point de féminin.)

Addition des Adjèctifs compris dans le n° 5 de la deuxième exception, et de tous les Adjectifs en *eur* ou en *teur* qui donnent lieu aux remarques suivant ce numéro.

9.

MASCULIN.	FÉMININ.
Trompeur,	Trompeuse.

MASCULIN.	FÉMININ.
Joueur,	Joueuse.
Facteur,	Factrice.
Majeur,	Majeure.
Danseur,	Danseuse.
Serviteur,	Servante.
Chanteur,	Chanteuse et cantatrice.
Causeur,	Causeuse.
Auteur,	Auteur.
Pêcheur,	Pêcheuse.
Exécuteur,	Exécutrice.
Vendeur,	Vendeuse et vende-resse.
Buveur,	Buveuse.
Vengeur,	Vengeresse.
Rieur,	Rieuse.
Inventeur,	Inventrice.
Flatteur,	Flatteuse.
Amateur,	Amateur.
Suborneur,	Surborneuse.
Chasseur,	Chasseuse et chasse-resse.
Supérieur,	Supérieure.
Débiteur,	Débitrice et débiteuse.
Clabaudeur,	Clabaudeuse.
Accusateur,	Accusatrice.
Bailleur,	Bailleuse et bailleresse.
Mineur,	Mineure.
Quêteur,	Quêteuse.
Conducteur,	Conductrice.
Tailleur,	Tailleuse.
Inférieur,	Inférieure.
Corrupteur,	Corruptrice.
Fraudeur,	Fraudeuse.
Empoisonneur,	Empoisonneuse.
Calomniateur,	Calomniatrice.
Sauteur,	Sauteuse.
Fondateur,	Fondatrice.
Enchanteur,	Enchanteresse.
Docteur,	Docteur.
Gouverneur,	Gouvernante.

MASCULIN.	FÉMININ.
Devineur,	Devineuse.
Devin,	Devineresse.
Appréciateur,	Appréciatrice.
Vengeur,	Vengeresse.
Meilleur,	Meilleure.
Ambassadeur,	Ambassadrice.
Graveur,	Graveur.
Donneur,	Donneuse.
Barbouilleur,	Barbouilleuse.
Littérateur,	Littérateur.
Compositeur,	Compositeur.
Intérieur,	Intérieure.
Imposteur,	Imposteur.
Dissipateur,	Dissipatrice.
Pleureur,	Pleureuse.
Bienfaiteur,	Bienfaitrice.
Extérieur,	Extérieure.
Délateur,	Délatrice.
Introducteur,	Introductrice.
Directeur,	Directrice.
Professeur,	Professeur.
Adulateur,	Adulatrice.
Lecteur,	Lectrice.
Hâbleur,	Hâbleuse.
Docteur,	Docteur.
Voleur,	Voleuse.
Conservateur,	Conservatrice.
Testateur,	Testatrice.
Demandeur,	Demandeuse et demanderesse.

10. MASCULIN.	FÉMININ.
Grognon,	Grognon.
Grondeur,	Grondeuse.
Malin,	Maligne.
Inquiet,	Inquiète.
Veuf,	Veuve.

MASCULIN.	FÉMININ.
Moqueur,	Moqueuse.
Fougueux,	Fougueuse.
Clair,	Claire.
Lumineux,	Lumineuse.
Brillant,	Brillante.
Frugal,	Frugale.
Envieux,	Envieuse.
Gai,	Gaie.
Triste,	Triste.
Certain,	Certaine.
Douteux,	Douteuse.
Obscur,	Obscure.
Ténébreux,	Ténébreuse.
Froid,	Froide.
Glacé,	Glacée.
Massif,	Massive.
Large,	Large.
Etroit,	Etroite.
Spacieux,	Spacieuse.
Attentif,	Attentive.
Léger,	Légère.
Fat,	Il ne s'emploie pas au féminin.
Bref,	Brève.
Insolent,	Insolente.
Jaloux,	Jalouse.
Coquet,	Coquette.
Témoin,	Témoin.
Insensé,	Insensée.
Fou,	Folle.
Dissipé,	Dissipée.
Fort,	Forte.
Courageux,	Courageuse.
Prudent,	Prudente.
Beau,	Belle.
Bon,	Bonne.
Plaisant,	Plaisante.
Farceur,	Farceuse.
Présomptif,	Présomptive.
Rompu,	Rompue.

MASCULIN.	FÉMININ.
Railleur,	Railleuse.
Taquin,	Taquine.
Théologien,	Théologienne.
Laxatif,	Laxative.
Rocailleux,	Rocailleuse.
Màtin,	Màtine.
Méchant,	Méchante.
Montueux,	Montueuse.
Matériel,	Matérielle.
Grossier,	Grossière.
Relatif,	Relative.
Peureux,	Peureuse.
Dépensier,	Dépensière
Châtain,	D
Imparfait,	Imparfaite.
Original,	Originale.
Incisif,	Incisive.
Savant,	Savante.
Studieux,	Studieuse.
Vieux,	Vieille.
Aquilin,	Aquilin.
Courbé,	Courbée.
Frais,	Fraîche.
Nouveau,	Nouvelle.
Noueux,	Noueuse.
Bellot,	Bellotte.
Faux,	Fausse.
Secret,	Secrète.
Plaintif,	Plaintive.
Léger,	Légère.
Roux,	Rousse.
Ruineux,	Ruineuse.
Mou,	Molle.
Long,	Longue.
Boudeur,	Boudeuse.
Poudreux,	Poudreuse.
Franc,	Franche.
Chasseur,	Chasseuse et chasseresse.
Pêcheur,	Pécheresse.

EXERCICE

Sur l'accord du genre de l'Adjectif avec le Substantif.

(Dicter au masculin les adjectifs suivants, les faisant ranger sur deux colonnes et précéder pour le masculin du mot homme et du mot personne pour le féminin.)

MASCULIN.	FÉMININ.
L'homme laid.	La personne laide.
L'homme ennuyeux,	La personne ennuyeuse.
assommant,	assommante.
détestable,	détestable.
bourru,	bourrue.
malin,	maligne.
peureux,	peureuse.
sot,	sotte.
douillet,	douillette.
sec,	sèche.
commun,	commune.
spoliateur,	spoliatrice.
supérieur,	supérieure.
imposant,	imposante.
demandeur,	demandesse.
grossier,	grossière.
caduc,	caduque.
bénin,	bénigne.
pieux,	pieuse.
craintif,	craintive.
pécheur,	pécheresse.
bellot,	bellotte.
gras,	grasse.
successeur,	successeur.
entendu,	entendue.
flatteur,	flatteuse.
dispos,	Dispos ne s'emploie pas au féminin.
vermeil,	vermeille.
accusateur,	accusatrice.
capricieux,	capricieuse.
dur,	dure.

MASCULIN.	FÉMININ.
L'homme naturel,	La personne naturelle.
railleur,	railleuse.
fier,	fière.
laborieux,	laborieuse.
calculateur,	calculatrice.
cuisinier,	cuisinière.
procurateur,	procuratrice.
clairvoyant,	clairvoyante.
grossier,	grossière.
grondeur,	grondeuse.
vindicatif,	vindicative.
paresseux,	paresseuse.
fin,	fine.
narrateur,	narratrice.
manufacturier,	manufacturière.
dénonciateur.	dénonciatrice.
heureux,	heureuse.
présomptueux,	présomptueuse.
bienfaiteur,	bienfaitrice.
chatouilleux,	chatouilleuse.
quêteur,	quêteuse.
coquet,	coquette.
chicaneur,	chicaneuse.

(Dicter au masculin les adjectifs suivants, les faisant ranger sur deux colonnes et précéder pour le masculin du mot objet, et du mot chose pour le féminin.)

MASCULIN.	FÉMININ.
L'objet accompli,	La chose accomplie.
artificiel,	artificielle.
attractif,	attractive.
avantageux,	avantageuse.
arriéré,	arriérée.
sec,	sèche.
blanc,	blanche.
noir,	noire.
vieux,	vieille.
baroque,	baroque.

MASCULIN.	FÉMININ.
L'objet bas,	La chose basse.
beau,	belle.
creux,	creuse.
profond,	profonde.
amusant,	amusante.
bizarre,	bizarre.
bon,	bonne.
mauvais,	mauvaise.
fragile,	fragile.
bleu,	bleue.
classique,	classique.
long,	longue.
brun,	brune.
lisse,	lisse.
campagnard,	campagnarde.
casuel,	casuelle.
lourd,	lourde.
léger,	légère.
neuf,	neuve.
épais,	épaisse.
ancien,	ancienne.
cendreux,	cendreuse.
cher,	chère.
primitif,	primitive.
remarquable,	remarquable.
roux,	rousse.
frais,	fraîche.
gros,	grosse.
hideux,	hideuse.
gentil,	gentille.
meilleur,	meilleure.
favori,	favorite.
poli,	polie.
blanc,	blanche.

Formation du Pluriel dans les Adjectifs.

(Mettre sur quatre colonnes les adjectifs suivants dans l'ordre que voici : 1° le masculin singulier ; 2° le masculin pluriel ; 3° le féminin singulier ; 4° le féminin pluriel.)

MASC. SING.	MASC. PLUR.	FÉMIN. SING.	FÉMIN. PLUR.
Grand,	Grands.	Grande,	Grandes.
Petit,	Petits.	Petite,	Petites.
Adroit,	Adroits.	Adroite,	Adroites.
Sincère,	Sincères.	Sincère,	Sincères.
Dur,	Durs.	Dure,	Dures.
Mou,	Mous.	Molle,	Molles.
Cruel,	Cruels.	Cruelle,	Cruelles.
Doux,	Doux.	Douce,	Douces.
Blanc,	Blancs.	Blanche,	Blanches.
Noir,	Noirs.	Noire,	Noires.
Mauvais,	Mauvais.	Mauvaise,	Mauvaises.
Bon,	Bons.	Bonne,	Bonnes.
Méchant,	Méchants.	Méchante,	Méchantes.
Malheureux,	Malheureux.	Malheureuse,	Malheureuses
Misérable,	Misérables.	Misérable,	Misérables.
Rusé,	Rusés.	Rusée,	Rusées.
Fin,	Fins.	Fine,	Fines.
Malin,	Malins.	Maligne,	Malignes.
Roux,	Roux.	Rousse,	Rousses.
Franc,	Francs.	Franche,	Franches.
Jeune,	Jeunes.	Jeune,	Jeunes.
Vieux,	Vieux.	Vieille,	Vieilles.
Envieux,	Envieux.	Envieuse,	Envieuses.
Jaloux,	Jaloux.	Jalouse,	Jalouses.
Neuf,	Neufs.	Neuve,	Neuves.
Nouveau,	Nouveaux.	Nouvelle,	Nouvelles.
Ancien,	Anciens.	Ancienne,	Anciennes.
Pieux,	Pieux.	Pieuse,	Pieuses.
Beau,	Beaux.	Belle,	Belles.
Agréable,	Agréables.	Agréable,	Agréables.
Vif,	Vifs.	Vive,	Vives.
Inquiet,	Inquiets.	Inquiète,	Inquiètes.
Flatteur,	Flatteurs.	Flatteuse,	Flatteuses.
Léger,	Légers.	Légère,	Légères.

MASC. SING.	MASC. PLUR.	FÉMIN. SING.	FÉMIN. PLUR.
Lourd,	Lourds.	Lourde,	Lourdes.
Eternel,	Eternels.	Eternelle,	Eternelles.
Joyeux,	Joyeux.	Joyeuse,	Joyeuses.
Loyal,	Loyaux.	Loyale,	Loyales.
Jumeau,	Jumeaux,	Jumelle,	Jumelles.
Creux,	Creux.	Creuse,	Creuses.
Moral,	Moraux.	Morale,	Morales.
Glacial,	Glacials.	Glaciale,	Glaciales.
Favori,	Favoris.	Favorite,	Favorites.
Turc,	Turcs.	Turque,	Turques.
Grec,	Grecs.	Grecque,	Grecques.
Secret,	Secrets.	Secrète,	Secrètes.
Muet,	Muets.	Muette,	Muettes.
Casuel,	Casuels.	Casuelle,	Casuelles.
Nasal,	Nasaux.	Nasale,	Nasales.
Inventeur,	Inventeurs.	Inventrice,	Inventrices.
Biennal,	Biennaux.	Biennale,	Biennales.
Fourbe,	Fourbes.	Fourbe,	Fourbes.
Faux,	Faux.	Fausse,	Fausses.
Brutal,	Brutaux.	Brutale,	Brutales.
Tranquille,	Tranquilles.	Tranquille,	Tranquilles.
Amical,	Amicals.	Amicale,	Amicales.
Colossal,	Colossals.	Colossale,	Colossales.
Vocal,	»	Vocale,	Vocales.
Principal,	Principaux.	Principale,	Principales.
Mental,	»	Mentale,	Mentales.
Méridional,	Méridionaux.	Méridionale,	Méridionales.
Imprudent,	Imprudents.	Imprudente,	Imprudentes.
Grammatical,	Grammaticaux	Grammaticale	Grammaticales
Créateur,	Créateurs.	Créatrice,	Créatrices.
Matinal,	»	Matinale,	Matinales.
Vaniteux,	Vaniteux.	Vaniteuse,	Vaniteuses.
Impatient,	Impatients.	Impatiente,	Impatientes.
Désirable,	Désirables.	Désirable,	Désirables.
Frais,	Frais.	Fraîche,	Fraîches.
Jovial,	Jovials.	Joviale,	Joviales.
Ardent,	Ardents.	Ardente,	Ardentes.
Virginal,	»	Virginale,	Virginales.
Egal,	Egaux.	Egale,	Egales.
Naval,	Navals.	Navale,	Navales.

MASC. SING.	MASC. PLUR.	FÉMIN. SING.	FÉMIN. PLUR.
Mélodieux,	Mélodieux.	Mélodieuse,	Mélodieuses.
Musical,	Musicaux.	Musicale,	Musicales.
Jumeau,	Jumeaux.	Jumelle,	Jumelles.
Frugal,	Frugals.	Frugale,	Frugales.
Fatal,	Fatals.	Fatale.	Fatales.
Fou,	Fous.	Folle,	Folles.
Charmant,	Charmants.	Charmante,	Charmantes.
Radical,	Radicaux.	Radicale,	Radicales.
Jeune,	Jeunes.	Jeune,	Jeunes.
National,	Nationaux.	Nationale.	Nationales.
Doctrinal,	Doctrinaux.	Doctrinale,	Doctrinales.
Rival,	Rivaux.	Rivale,	Rivales.
Médicinal,	»	Médicinale,	Médicinales.
Final,	»	Finale,	Finales.
Austral,	»	Australe,	Australes.
Primitif,	Primitifs.	Primitive,	Primitives.
Carré.	Carrés.	Carrée,	Carrées.

EXERCICES

Sur l'accord de l'Adjectif avec le Nom.

(Mettre au singulier sur deux colonnes les locutions suivantes, en répétant avec chaque substantif féminin les adjectifs dont est accompagné le substantif masculin qui précède.)

Le père bon, la mère. Un cheval poussif, une jument. Le progrès rapide, une marche. Un lièvre peureux, une chatte. Le vent violent, la tempête. Le mot malin, une parole. Le temple pieux, une église. Un acte public, une nouvelle. L'ornement violet, la croix. Le caractère emporté, la nature. Le pigeon blanc, la colombe. Le rameau vert, la branche. Le combat fatal, la guerre. Le vase vermeil, la couleur. Le temps sec, la journée. L'animal roux, la bête. Le beau jardin, la prairie. Le rideau blanc, l'étoffe. Le long bâton, la perche. Le bel enfant, la personne. L'homme vieux, la femme. Le tigre cruel, la louve. Le mouton doux, la brebis. L'angle aigu, la voix. Le matin frais, la soirée. Le vin fameux, la boisson. Le mot léger, la parole. Le trou profond, la fosse. Le vieil animal, la bête. Le gros mensonge, l'étoffe. Le beau coteau, la vallée. Un homme pécheur, une femme. Le fol animal, l'idée. Le sot écolier, l'écolière. L'oiseau charmant, la robe. Le coucou ennuyeux, la lecture. L'œil vif, la parole. Le seigneur libéral, la princesse. L'air protecteur, la puissance. Le ton bénin, la conduite. Un chien muet, une bouche. Un objet meilleur, une chose. Un oncle tuteur, une tante. Un nouvel an, une année. Un journal partial, une feuille. Un époux brutal, une épouse. Un épais nuage, une nuée. Un repas frugal, une table. Un propos ambigu, une conduite. Le mal cuisant, la douleur. Le travail complet, la tâche. Le taureau furieux, la chienne. L'habit grossier, la jupe. Le soldat menteur, la langue. L'homme grognon, la femme. Le caractère loyal, la réponse. Le temps pascal, la communion. L'aïeul plaisant, la chanson. Le bal dangereux, la danse. Le bijou ducal, la bague. Le naturel bon, la nature. Le tiers état, la personne. Le ciel étranger, la contrée. Le gros corail, la perle. Le jeu amusant, la chasse. Le cheveux fin, la chevelure. Le point final, la ponctuation.

SINGULIER.	PLURIEL.
Le père bon,	Les pères bons.
La mère bonne,	Les mères bonnes.
Un cheval poussif,	Des chevaux poussifs.
Une jument poussive,	Des juments poussives.
Le progrès rapide,	Les progrès rapides.
La marche rapide,	Les marches rapides.
Un lièvre peureux,	Des lièvres peureux.
Une chatte peureuse,	Des chattes peureuses.
Le vent violent,	Les vents violents.
La tempête violente,	Les tempêtes violentes.
Un mot malin,	Des mots malins.
Une parole maligne,	Des paroles malignes.
Le temple pieux,	Les temples pieux.
Une église pieuse,	Des églises pieuses.
Un acte public,	Des actes publics.
Une nouvelle publique,	Des nouvelles publiques.
L'ornement violet,	Les ornements violets.
La croix violette,	Les croix violettes.

SINGULIER.	PLURIEL.
Le caractère emporté,	Les caractères emportés.
La nature emportée,	Les natures emportées.
Le pigeon blanc,	Les pigeons blancs.
La colombe blanche,	Les colombes blanches.
Le rameau vert,	Les rameaux verts.
La branche verte,	Les branches vertes.
Le combat fatal,	Les combats fatals.
La guerre fatale,	Les guerres fatales.
Le vase vermeil,	Les vases vermeils.
La couleur vermeille,	Les couleurs vermeilles.
Le temps sec,	Les temps secs.
La journée sèche,	Les journées sèches.
L'animal roux,	Les animaux roux.
La bête rousse,	Les bêtes rousses.
Le beau jardin,	Les beaux jardins.
La belle prairie,	Les belles prairies.
Le rideau blanc,	Les rideaux blancs.
L'étoffe blanche,	Les étoffes blanches.
Le long bâton,	Les longs bâtons,
La longue perche,	Les longues perches.
Le bel enfant,	Les beaux enfants.
La belle personne,	Les belles personnes.
L'homme vieux,	Les hommes vieux.
La femme vieille,	Les femmes vieilles.
Le tigre cruel,	Les tigres cruels,
La louve cruelle,	Les louves cruelles.
Le mouton doux,	Les moutons doux.
La brebis douce,	Les brebis douces.
L'angle aigu,	Les angles aigus.
La voix aigüe,	Les voix aigües.
Le matin frais,	Les matins frais.
La soirée fraîche,	Les soirées fraîches.
Le vin fameux,	Les vins fameux.
La boisson fameuse,	Les boissons fameuses.
Le mot léger,	Les mots légers.
La parole légère,	Les paroles légères.
Le trou profond,	Les trous profonds.
La fosse profonde,	Les fosses profondes.
Le vieil animal,	Les vieux animaux.
La vieille bête,	Les vieilles bêtes.

SINGULIER.	PLURIEL.
Le gros mensonge,	Les gros mensonges.
La grosse étoffe,	Les grosses étoffes.
Le beau coteau,	Les beaux coteaux.
La belle vallée,	Les belles vallées.
Un homme pécheur,	Des hommes pécheurs.
Une femme pécheresse,	Des femmes pécheresses.
Le fol animal,	Les animaux fous.
La folle idée,	Les folles idées.
Le sot écolier,	Les sots écoliers.
La sotte écolière,	Les sottes écolières.
L'oiseau charmant,	Les oiseaux charmants.
La robe charmante,	Les robes charmantes.
Le coucou ennuyeux,	Les coucous ennuyeux.
La lecture ennuyeuse,	Les lectures ennuyeuses.
L'œil vif,	Les yeux vifs.
La parole vive,	Les paroles vives.
Le seigneur libéral,	Les seigneurs libéraux.
L'air protecteur,	Les airs protecteurs.
La puissance protectrice,	Les puissances protectrices.
Le ton bénin,	Les tons bénins.
La conduite bénigne,	Les conduites bénignes.
Un chien muet,	Des chiens muets.
Une bouche muette,	Des bouches muettes.
Un objet meilleur,	Des objets meilleurs.
Une chose meilleure,	Des choses meilleures.
Un oncle tuteur,	Des oncles tuteurs.
Une tante tutrice,	Des tantes tutrices.
Un nouvel an,	De nouveaux ans.
Une nouvelle année,	De nouvelles années.
Un journal partial,	Des journaux partiaux (1).
Une feuille partiale,	Des feuilles partiales.
Un époux brutal,	Des époux brutaux.
Une épouse brutale,	Des épouses brutales.
Un épais nuage,	D'épais nuages.
Une épaisse nuée,	D'épaisses nuées.
Un repas frugal,	Des repas frugals.
Une table frugale,	Des tables frugales.

(1) Nous pensons que partiaux est, comme impartiaux, autorisé par l'usage.

SINGULIER.	PLURIEL.
Un propos ambigu,	Des propos ambigus.
Une conduite ambiguë,	Des conduites ambigües.
Le mal cuisant,	Les maux cuisants.
La douleur cuisante,	Les douleurs cuisantes.
Le travail complet,	Les travaux complets.
La tâche complète,	Les tâches complètes.
Le taureau furieux,	Les taureaux furieux.
La chienne furieuse,	Les chiennes furieuses.
L'habit grossier,	Les habits grossiers.
La jupe grossière,	Les jupes grossières.
Le soldat menteur,	Les soldats menteurs.
La langue menteuse,	Les langues menteuses.
L'homme grognon,	Les hommes grognons.
La femme grognon,	Les femmes grognons.
Le caractère loyal,	Les caractères loyaux.
La réponse loyale,	Les réponses loyales.
Le temps pascal,	»
La communion pascale,	Les communions pascales.
L'aïeul plaisant,	Les aïeuls plaisants.
La chanson plaisante,	Les chansons plaisantes.
Le bal dangereux,	Les bals dangereux.
La danse dangereuse,	Les danses dangereuses.
Le bijou ducal,	»
La bague ducale,	Les bagues ducales.
Le naturel bon,	Les naturels bons.
La nature bonne,	Les natures bonnes.
Le tiers état,	Les tiers états.
La tierce personne,	Les tierces personnes.
Le ciel étranger,	Les cieux étrangers.
La contrée étrangère,	Les contrées étrangères.
Le gros corail,	Les gros coraux.
La grosse perle,	Les grosses perles.
Le jeu amusant,	Les jeux amusants.
La chasse amusante,	Les chasses amusantes.
Le cheveu fin,	Les cheveux fins.
La chevelure fine,	Les chevelures fines.
Le point final,	»
La ponctuation finale,	Les ponctuations finales.

ACCORD

De plusieurs Adjectifs avec un même Nom.

(Répéter encore les mêmes adjectifs quatre fois, en les faisant accorder avec les substantifs, que l'on mettra d'abord au singulier et puis au pluriel, comme il est pratiqué ci-dessous.)

Un fleuve large, profond, impétueux, redouté. Une rivière. Un bois épais, touffu, obscur, dangereux, immense. Une forêt. Un jardin grand, beau, fleuri, charmant, productif. Une prairie. Un air doux, franc, naïf, spirituel, modeste et bénin. Une physionomie. Un caractère dur, sec, soupçonneux, partial, brutal. Une nature. Un cheval vif, fougueux, léger, malin, dangereux. Une bête. Un homme sot, nul, fourbe, menteur, déloyal, grognon. Une femme. Un pays froid, glacial, meurtrier, inhabité. Une contrée. Un écolier docile, laborieux, discret, appliqué, intelligent. Une écolière. Un drap blanc, mou, propre, vieux, usé, dédaigné. Une serviette. Un habit, cher, neuf, brillant, précieux, nouveau. Une robe. Un local étroit, exigu, obscur, malpropre, crasseux. Une chambre. Un manteau long, épais, lourd, poudreux, incommode. Une couverture. Un soldat brutal, cruel, vindicatif, trompeur, spoliateur. Une troupe. Une enfant bon, pieux, naïf, joyeux, poli, doux, spirituel. Une fille. Un marchand faux, fourbe, querelleur, accusateur, fou. Une marchande. Un chat blanc, mignon, voleur, fripon, fier. Une chatte.

Sing.   Un fleuve large, profond, impétueux, redouté.
Plur.   Des fleuves larges, profonds, impétueux, redoutés.

S.   Une rivière large, profonde, impétueuse, redoutée.

P.   Des rivières larges, profondes, impétueuses, redoutées.

S.   Un bois épais, touffu, obscur, dangereux, immense.

P.   Des bois épais, touffus, obscurs, dangereux, immenses.

S.   Une forêt épaisse, touffue, obscure, dangereuse, immense.

P.   Des forêts épaisses, touffues, obscures, dange-
     reuses, immenses.
S.   Un jardin grand, beau, fleuri, charmant, pro-
     ductif.
P.   Des jardins grands, beaux, fleuris, charmants,
     productifs.
S.   Une prairie grande, belle, fleurie, charmante,
     productive.
P.   Des prairies grandes, belles, fleuries, char-
     mantes, productives.
S.   Un air doux, franc, naïf, spirituel, bénin.
P.   Des airs doux, francs, naïfs, spirituels, bénins.
S.   Une physionomie douce, franche, naïve, spi-
     rituelle, bénigne.
P.   Des physionomies douces, franches, naïves,
     spirituelles, bénignes.
S.   Un caractère dur, sec, soupçonneux, partial,
     brutal.
P.   Des caractères durs, secs, soupçonneux, par-
     tiaux, brutaux.
S.   Une nature dure, sèche, soupçonneuse, par-
     tiale, brutale.
P.   Des natures dures, sèches, soupçonneuses,
     partiales, brutales.
S.   Un cheval vif, fougueux, léger, malin, dange-
     reux.
P.   Des chevaux vifs, fougueux, légers, malins,
     dangereux.
S.   Une bête vive, fougueuse, légère, maligne,
     dangereuse.
P.   Des bêtes vives, fougueuses, légères, malignes,
     dangereuses.
S.   Un homme sot, nul, fourbe, menteur, déloyal,
     grognon.
P.   Des hommes sots, nuls, fourbes, menteurs,
     déloyaux, grognons.
S.   Une femme sotte, nulle, fourbe, menteuse,
     déloyale, grognon.
P.   Des femmes sottes, nulles, fourbes, menteuses,
     déloyales, grognons.
S.   Un pays froid, glacial, meurtrier, inhabité.

P. Des pays froids, glacials, meurtriers, inhabités.
S. Une contrée froide, glaciale, meurtrière, inha-
bitée.
P. Des contrées froides, glaciales, meurtrières,
inhabitées.
S. Un écolier docile, laborieux, discret, appliqué,
intelligent.
P. Des écoliers dociles, laborieux, discrets, appli-
qués, intelligents.
S. Une écolière docile, laborieuse, discrète, appli-
quée, intelligente.
P. Des écolières dociles, laborieuses, discrètes,
appliquées, intelligentes.
S. Un drap blanc, mou, propre, vieux, usé, dédaigné.
P. Des draps blancs, mous, propres, vieux, usés,
dédaignés.
S. Une serviette blanche, molle, propre, vieille,
usée, dédaignée.
P. Des serviettes blanches, molles, propres, vieilles,
usées, dédaignées.
S. Un habit cher, neuf, brillant, précieux, nouveau.
P. Des habits chers, neufs, brillants, précieux,
nouveaux.
S. Une robe chère, neuve, brillante, précieuse,
nouvelle.
P. Des robes chères, neuves, brillantes, précieuses,
nouvelles.
S. Un local étroit, exigu, obscur, malpropre,
crasseux.
P. Des locaux étroits, exigus, obscurs, malpropres,
crasseux.
S. Une chambre étroite, exiguë, obscure, malpropre, crasseuse.
P. Des chambres étroites, exiguës, obscures, malpropres, crasseuses.
S. Un manteau long, épais, lourd, poudreux, incommode.
P. Des manteaux longs, épais, lourds, poudreux,
incommodes.

3

S. Une couverture longue, épaisse, lourde, poudreuse, incommode.

P. Des couvertures longues, épaisses, lourdes, poudreuses, incommodes.

S. Un soldat brutal, cruel, vindicatif, trompeur, spoliateur.

P. Des soldats brutaux, cruels, vindicatifs, trompeurs, spoliateurs.

S. Une troupe brutale, cruelle, vindicative, trompeuse, spoliatrice.

P. Des troupes brutales, cruelles, vindicatives, trompeuses, spoliatrices.

S. Un enfant bon, pieux, naïf, joyeux, poli, doux, spirituel.

P. Des enfants bons, pieux, naïfs, joyeux, polis, doux, spirituels.

S. Une fille bonne, pieuse, naïve, joyeuse, polie, douce, spirituelle.

P. Des filles bonnes, pieuses, naïves, joyeuses, polies, douces, spirituelles.

S. Un marchand faux, fourbe, querelleur, accusateur, fou.

P. Des marchands faux, fourbes, querelleurs, accusateurs, fous.

S. Une marchande fausse, fourbe, querelleuse, accusatrice, folle.

P. Des marchandes fausses, fourbes, querelleuses, accusatrices, folles.

S. Un chat blanc, mignon, voleur, fripon, fier.

P. Des chats blancs, mignons, voleurs, fripons, fiers.

S. Une chatte blanche, mignonne, voleuse, friponne, fière.

P. Des chattes blanches, mignonnes, voleuses, friponnes, fières.

EXERCICES

Sur les Adjectifs déterminatifs.

(Souligner les adjectifs déterminatifs qui sont dans les locutions suivantes, et corriger les fautes qui peuvent s'y trouver, et qui sont soulignées dans la dictée.)

DICTÉE.	CORRIGÉ.
1° Ce beau livre. Cet écrit remarquable. Cette douce parole. Ces discours ennuyeux. Ces femmes craintives. Ces propos légers et inconsidérés. Cette grande ville. Ce beau hameau. Ce honnête et vertueux homme. Cet hideux et touchant spectacle. Ces enfants sages, dociles et attentifs. Un éternité heureux pour les bons. Cet parole léger et inconsidéré. Ces femmes vieux, spirituel et vertueux. Deux choses longs et pareils. Cet épi grand et orgueilleux. Ce jeune homme instruit et modeste. Ce habit gris et usé. Ce grand village.	Ce beau livre. Cet écrit remarquable. Cette douce parole. Ces discours ennuyeux. Ces propos légers et inconsidérés. Ces femmes craintives. Cette grande ville. Ce beau hameau. Cet honnête et vertueux homme. Ce hideux et touchant spectacle. Ces enfants sages, dociles et attentifs. Une éternité heureuse pour les bons. Cette parole légère et inconsidérée. Ces femmes vieilles, spirituelles et vertueuses. Deux choses longues et pareilles. Cet épi grand et orgueilleux. Ce jeune homme instruit et modeste. Cet habit gris et usé. Ce grand village.
2° Notre ville natale. Ma demeure habituelle. Nos	Notre ville natale. Ma demeure habituelle. Nos

DICTÉE.	CORRIGÉ.

bonnes plumes. Vos papiers fins. Cet héros de l'antiquité. Ce habile homme, Ma nouvel habit. Ma ardeur belliqueuse. Ta âme pure et candide. Nos livres, nos devoirs et nos cahiers sales. Sa entreprise courageuse. Tes précieux bijoux. Vos manières agréables et honnêtes. Nos bons et vertueux parents. Sa nouvelle amie. Leurs places avantageuses. Ta histoire instructive. Ce oiseau charmant. Ses bas neufs. Ce hôpital ancien. Ma heure dernière.

bonnes plumes. Vos papiers fins. Ce héros de l'antiquité. Cet habile homme. Mon nouvel habit. Mon ardeur belliqueuse. Ton âme pure et candide. Nos livres, nos devoirs et nos cahiers sales. Son entreprise courageuse. Tes précieux bijoux. Vos manières agréables et honnêtes. Nos bons et vertueux parents. Sa nouvelle amie. Leurs places avantageuses. Ton histoire instructive. Cet oiseau charmant. Ses bas neufs. Cet hôpital ancien. Mon heure dernière.

3° Un Dieu. Une église. Sept sacrements. Trois vertus théologales. Une retraite tranquille. La première, la seconde et la troisième personne de la sainte Trinité. Un chapeau. Huit mouchoirs. La seconde place. Le huitième tome. Deux choux. La dernière place ou la dixième. La trentième page de la grammaire. Le premier chœur des anges. Une pensée spirituelle.

Un Dieu. Une église. Sept sacrements. Trois vertus théologales. Une retraite tranquille. La première, la seconde et la troisième personne de la sainte Trinité. Un chapeau. Huit mouchoirs. La seconde place. Le huitième tome. Deux choux. La dernière place ou la dixième.

DICTÉE.

CORRIGÉ.

La trentième page de la grammaire. Le premier chœur des anges. Une pensée spirituelle.

4° Ce enfant sage, docile, attentif. Ce habile homme. Ma place avantageux. Ma sœur aînée. Tes malheurs nombreux. Ses grandes et ses petites occupations. La suavité délectable du service de Dieu. Les exploits fabuleux de ces héros. Le sixième chapitre du troisième livre de l'Imitation. Les trois fils aînés de notre vieil oncle. Ce beau pays. Ce enfant sage. Ce heureux climat. Ton cœur dur. Ta tête fou. Ta âme impitoyable.

Cet enfant sage, docile, attentif. Cet habile homme. Ma place avantageuse. Ma sœur aînée. Tes malheurs nombreux. Ses grandes et ses petites occupations. La suavité délectable du service de Dieu. Les exploits fabuleux de ces héros. Le sixième chapitre du troisième livre de l'Imitation. Les trois fils aînés de notre vieil oncle. Ce beau pays. Cet enfant sage. Cet heureux climat. Ton cœur dur. Ta tête folle. Ton âme impitoyable.

5° Cent faits supposés. Mille belles histoires. Cette humeur sauvage. Ce amour fou. Ce fou amour. Leurs goûts ridicules. Ta inclination malheureuse. Le dixième chapitre de chaque livre. Vos talents et votre savoir. Ce esprit subtil. Ma pieux mère. Son bon

Cent faits supposés. Mille belles histoires. Cette humeur sauvage. Cet amour fou. Ce fol amour. Leurs goûts ridicules. Ton inclination malheureuse. Le dixième chapitre de chaque livre. Vos talents et votre savoir. Cet esprit subtil.

DICTÉE.	CORRIGÉ.

père. Tes beaux parents. Ma image grâcieux. Tes jolis bijoux.

Ma pieuse mère. Son bon père. Tes beaux parents. Mon image grâcieuse. Tes jolis bijoux.

6º Cet orgueilleux désir. Cette orgueilleux prétention. Ma aimable compagnie. Ta utile bibliothèque. Le quinzième volume de cette rangée. Mille anecdotes charmantes. Notre nouveau emploi. Tes nouveaux occupations. Ce vieux animal. Cet habile général. Cet horrible guerre. Ces rusés caporals.

Cet orgueilleux désir. Cette orgueilleuse prétention. Mon aimable compagnie. Ton utile bibliothèque. Le quinzième volume de cette rangée. Mille anecdoctes charmantes. Notre nouvel emploi. Tes nouvelles occupations. Ce vieil animal. Cet habile général. Cette horrible guerre. Ces rusés caporaux.

7º Une image naturelle. Cette parole doux. Ce aliment bon. Une régulière conduite. Le troisième commandement. Un nouveau accroissement. Ce charmant paysage. Sa entreprise courageuse. Nos frères et vos sœurs. Leurs cahiers et tes plumes. Ce habit pauvre. Ces plaintes cruelles! Vos yeux bleus. Ma imagination vif. La composition de trente fautes. La quatrième place de

Une image naturelle. Cette parole douce. Cet aliment bon. Une régulière conduite. Le troisième commandement. Un nouvel accroissement. Ce charmant paysage. Son entreprise courageuse. Nos frères et vos sœurs. Leurs cahiers et tes plumes. Cet habit pauvre. Ces plaintes cruelles. Vos yeux bleus. Mon imagination vive. La composition

DICTÉE.	CORRIGÉ.
ta classe. Tes devoirs envers Dieu.	de trente fautes. La quatrième place de ta classe. Tes devoirs envers Dieu.

(Nous ajoutons ici certains adjectifs déterminatifs que la Grammaire de l'Académie ne mentionne pas dans sa première partie, savoir : *chaque*, *nul*, *aucun*, *même*, *tout*, *quelque*, *plusieurs*, *tel*, *quel*, *quelconque*.)

DICTÉE.	CORRIGÉ.
Cent trois fautes dans une composition. Telle femme. Tel homme. Toute saison nouveau. Nul auteur sensé. Nulle chose désirée. Tel fait plaisant. Tous les enfants paresseux. Toutes les petites filles studieuses. Tous les appartements de cette belle et spacieuse maison. Plusieurs vraies trompeuses. Plusieurs vrais trompeurs. Chaque faute notable. Chaque effort généreux. Aucun mensonge, aucune tromperie. Quelques vieux plumes. Quelques soupirails nouvels.	Cent trois fautes dans une composition. Telle femme. Tel homme. Toute saison nouvelle. Nul auteur sensé. Nulle chose désirée. Tel fait plaisant. Tous les enfants paresseux. Toutes les petites filles studieuses. Tous les appartements de cette belle et spacieuse maison. Plusieurs vraies trompeuses. Plusieurs vrais trompeurs. Chaque faute notable. Chaque effort généreux. Aucun mensonge, aucune tromperie. Quelques vieilles plumes. Quelques soupiraux nouveaux.
Tout instant fugitif. Toute heure fugitive. Quel beau habit. Quelle beau robe. Quelle étoffe grossière. Plusieurs personnes	Tout instant fugitif. Toute heure fugitive. Quel bel habit. Quelle belle robe. Quelle étoffe gros-

DICTÉE.	CORRIGÉ.

sages. Aucun histoire nouveau. Quelles mœurs pures. Quelques coucous ennuyeux. Plusieurs charmants oiseaux. Quelques riches marchandises. Toutes ces épines aiguës. Quelques jolies coutures. Quel heureux événement. Quelle heureuse nouvelle. Tels jeux et telles récréations utiles. Les ouvriers mêmes les plus utiles. Toutes les choses agréables. Toutes les coiffures grecques. Nul faute volontaire. Quelques bons efforts.

sière. Plusieurs personnes sages. Aucune histoire nouvelle. Quelles mœurs pures. Quelques coucous ennuyeux. Plusieurs charmants oiseaux. Quelques riches marchandises. Toutes ces épines aiguës. Quelques jolies coutures. Quel heureux événement. Quelle heureuse nouvelle. Tels jeux et telles récréations utiles. Les ouvriers mêmes les plus utiles. Toutes les choses agréables. Toutes les coiffures grecques. Nulle faute volontaire. Quelques bons efforts.

ANALYSE.

(Faire analyser plusieurs fois les locutions suivantes:)

Les doux concerts des anges. L'harmonie du ciel et de la terre. Les guerres perpétuelles de ces grands conquérants, fameux par leurs victoires. La vanité ridicule, l'orgueil insensé de quelques jeunes filles mondaines. Le cinquième chapitre du saint Évangile de saint Matthieu. Les qualités précieuses de notre vieille tante. Toutes les actions de cette jeune et pieuse élève.

Les	Art. simp., masc. plur., se rap. à *concerts*.
doux	Adj. qual., masc. plur., se rap. à *concerts*.

concerts	Nom com., masc. plur.
des	Pour *de les*. art. comp., masc. plur., se rap. à *anges.*
anges.	Nom com., masc. plur.
L'	Pour *la*, art. simp., fém. sing., se rap. à *harmonie.*
harmonie	Nom com., fém. sing.
du	Pour *de le*, art. comp., masc. sing., se rap. à *ciel.*
ciel	Nom com., masc. sing.
et	Conj., mot inv.
de	Préposition, mot inv.
la	Art. simp., fém. sing., se rap. à *terre.*
terre.	Nom com., fém. sing.
Les	Art. simp., fém. plur., se rap. à *guerres.*
guerres	Nom com., fém. plur.
perpétuelles	Adj. qual. fém. plur., se rap. à *guerres.*
de	Prép.; mot inv.
ces	Adj. démonst., masc. plur., se rap. à *conquérants.*
conquérants,	Nom com., masc. plur.
fameux	Adj. qual., masc. plur., se rap. à *conquérants.*
par	Prép., mot inv.
leurs	Adj. posses., fém. plur., se rap. à *victoires.*
victoires.	Nom com., fém. plur.
La	Art. simp., fém. sing., se rap. à *vanité.*
vanité	Nom com., fém. sing.
ridicule,	Adj. qual., fém. sing., se rap. à *vanité.*
l'	Pour *le*, art. simp., masc. sing., se rap. à *orgueil.*
orgueil	Nom com., masc. sing.
insensé	Adj. qual., masc. sing., se rap. à *orgueil.*
de	Prép., mot inv.
quelques	Adj. déterm., fém. plur., se rap. à *filles.*
jeunes	Adj. qual., fém. plur., se rap. à *filles.*
filles	Nom com., fém. plur.
mondaines.	Adj. qual., fém. plur., se rap. à *filles.*
Le	Art. simp., masc. sing., se rap. à *chapitre.*
cinquième	Adj. numéral ordinal, masc., sing., se rap. à *chapitre.*

3*

chapitre	Nom com., masc. sing.
du	Pour *de le*, art. comp., masc. sing., se rap. à *Evangile*.
saint	Adj. qual., masc. sing., se rap. à *Evangile*.
Evangile	Nom prop., masc. sing.
de	Prép., mot inv.
saint	Adj. qual., masc. sing., se rap. à *Matthieu*.
Matthieu.	Nom propre, masc. sing.
Les	Art. simp., fém. plur., se rap. à *qualités*.
qualités	Nom com., fém. plur.
précieuses	Adj. qual., fém. plur., se rap. à *qualités*.
de	Prép., mot inv.
notre	Adj. possès., fém. sing., se rap. à *tante*.
vieille	Adj. qual., fém. sing., se rap. à *tante*.
tante.	Nom com., fém. sing.
Toutes	Adj. dét., fém. plur., se rap. à *actions*.
les	Art. simp., fém. plur., se rap. à *actions*.
actions	Nom com., fém. plur.
de	Prép., mot inv.
cette	Adj. démonst., fém. sing., se rap. à *élève*.
jeune	Adj. qual., fém. sing., se rap. à *élève*.
et	Conj., mot inv.
pieuse	Adj. qual., fém. sing., se rap. à *élève*.
élève.	Nom com., fém. sing.

MODÈLES

De Devoirs pour compositions.

1° (Former le pluriel des noms et des adjectifs suivants, en les plaçant sur une colonne vis-à-vis de la colonne du singulier. Faire précéder, en outre, les noms masculins d'un *m* et les noms féminins d'un *f*.)

SINGULIER.	PLURIEL.
(La maîtresse dictera seulement le singulier.)	
Le peuple rebelle.	*M.* Les peuples rebelles.
L'agneau timide.	*M.* Les agneaux timides.
Un temps favorable.	*M.* Des temps favorables.
Un air niais.	*M.* Des airs niais.
Un garde national.	*M.* Des gardes nationaux.

SINGULIER.		PLURIEL.
Un teint vermeil.	M.	Les teints vermeils.
La rose vermeille.	F.	Les roses vermeilles.
Le livre nouveau.	M.	Les livres nouveaux.
Un ordre exprès.	M.	Des ordres exprès.
Une permission expresse.	F.	Des permissions expresses.
Une robe nouvelle.	F.	Des robes nouvelles.
Le cheval roux.	M.	Les chevaux roux.
La soirée délicieuse.	F.	Les soirées délicieuses.
Le cheveu blond.	M.	Les cheveux blonds.
Le regret tardif.	M.	Les regrets tardifs.
Un animal craintif.	M.	Des animaux craintifs.
Une tourterelle craintive.	F.	Des tourterelles craintives.
Un bijou éclatant.	M.	Des bijoux éclatants.
L'œil vif.	M.	Les yeux vifs.
L'esprit malin.	M.	Les esprits malins.
La joie maligne.	F.	Les joies malignes.
L'homme brutal.	M.	Les hommes brutaux.
Le nombre décimal.	M.	Les nombres décimaux.
La fraction décimale.	F.	Les fractions décimales.
Le sou neuf.	M.	Les sous neufs.
Le camail violet.	M.	Les camails violets.
Le peuple oriental.	M.	Les peuples orientaux.
Le conte moral.	M.	Les contes moraux.
Un détail trivial.	M.	Des détails triviaux.
Le procès-verbal.	M.	Les procès-verbaux.
Le bal ennuyeux.	M.	Les bals ennuyeux.
Le crime capital.	M.	Les crimes capitaux.
L'ami inconstant.	M.	Les amis inconstants.
Le mets favori.	M.	Les mets favoris.
La lecture favorite.	F.	Les lectures favorites.
La douleur profonde.	F.	Les douleurs profondes.
Le bel émail.	M.	Les beaux émaux.
Le chemin tortueux.	M.	Les chemins tortueux.
Le nouvel espoir.	M.	Les nouveaux espoirs.
L'ambitieux désir.	M.	Les ambitieux désirs.
La peine secrète.	F.	Les peines secrètes.

2º (Lorsqu'il se trouvera des fautes dans les dictées suivantes, le mot incorrect sera souligné, et le mot bien écrit mis entre parenthèse. Il faut, du reste, exiger que l'élève s'habitue à bien écrire chaque mot dès en prenant la dictée.)

Que vos yeux ne soient pas comme ceux des hiboux, qui se ferment aux rayons de la lumière. La vieillesse caduque est souvent à charge à elle-même. Une chevelure blond (blonde) devient presque toujours d'une nuance plus foncée. Aucune fleur n'est aussi jolie qu'une rose frais (fraîche) et vermeille. Nous nous faisons des joies artificielles et nous n'aspirons qu'après des voluptés trompeuses. Les nègres ont les cheveux noirs, le nez gros et les lèvres épaisses. Les joujoux sont les amusements des enfants, comme les guerres sont ceux des conquérants. Les soupirails (soupiraux) sont des ouvertures faites aux caves. Les maréchals (maréchaux) ferrent les chevaux vicieux dans des travails. Les fromages de Hollande ont beaucoup d'yeux. Les bamboux sont des roseaux des Indes.

3º (Souligner les adjectifs déterminatifs qui suivent. — Faire remarquer que lorsqu'un adjectif se rapporte à deux noms singuliers, il se met au pluriel.)

Nul ne peut dire aux fontaines des hôpitals (hôpitaux) : Je ne boirai pas de vos eaux. Quelle vertu, quel héroïsme on vit éclater chez les premiers chrétiens. Quels coups fatals sont venus m'accabler à la fois : la trahison d'une fausse amie a rempli mon cœur d'une tristesse sans pareille. Sa parole enchanteur (enchanteresse) me fermait les yeux ; elle m'entraînait dans un abîme sans fond et je ne m'en apercevais pas. Les grands phénomènes de la nature annoncent une puissance et une intelligence surnaturelles. La conscience, témoin de nos fautes, sait toujours nous les rappeler. L'opinion publique se trompe rarement dans ses jugements. A une sotte question, on fait souvent une sotte réponse. Celui qui a porté atteinte à la tranquillité et à la félicité publiques , ne doit pas s'attendre à une vie douce et heureuse. La raison du plus fort est souvent la meilleure.

CHAPITRE IV.

DU PRONOM.

QUESTIONS SUR CE CHAPITRE.

1. Qu'est-ce que le pronom? — N° 90.

2. Combien y a-t-il de sortes de pronoms? — 91.

3. Qu'est-ce que les pronoms personnels? — 92.

4. Combien y a-t-il de personnes? — 93.

5. Qu'est-ce que la première, la seconde et la troisième personne? — 94.

6. Quels sont les pronoms de la première, de la seconde et de la troisième personne? — 96.

7. Comment distingue-t-on *le*, *la*, *les* pronoms de *le*, *la*, *les* articles ?

Le, *la*, *les* pronoms personnels accompagnent toujours un verbe ; *le*, *la*, *les* articles accompagnent toujours un nom.

8. Comment distingue-t-on *leur* pronom personnel de *leur* adjectif?

Leur pronom personnel précède toujours un verbe ; *leur* adjectif précède un nom.

9. Qu'est-ce que les pronoms démonstratifs, et quels sont-ils? — 97.

10. Comment distingue-t-on *ce* pronom démonstratif de *ce* adjectif démonstratif?

Ce pronom démonstratif est toujours joint au verbe *être* ou suivi des pronoms *qui*, *que*, *quoi*, *dont* ; *ce* adjectif démonstratif est toujours suivi d'un nom.

11. Qu'est-ce que les pronoms possessifs, et quels sont-ils? — 98.

12. Comment distingue-t-on *notre*, *votre*, *leur* pro-

noms possessifs de *notre*, *votre*, *leur* adjectifs possessifs?

Ces mots sont pronoms possessifs quand ils sont précédés d'un article; quand ils n'en sont pas précédés, ils sont adjectifs possessifs et sont alors suivis d'un nom.

13. Dans quel cas *leur* pronom cesse-t-il d'être précédé d'un article, et de prendre la marque du pluriel?

Quand il précède immédiatement ou qu'il suit un verbe dont il est le régime indirect.

14. Quand *notre* et *votre* prennent-ils l'accent circonflexe? — 99.

15. Qu'est-ce que les pronoms relatifs, et quels sont-ils? — 100.

16. Qu'appelle-t-on antécédent du pronom relatif? — 101.

17. Comment distingue-t-on *que* pronom de *que* conjonction ou adverbe?

Que est adverbe lorsqu'il peut se tourner par combien; *que* est pronom quand il peut se remplacer par *lequel, laquelle, lesquels, lesquelles, quelle chose;* il est conjonction quand il ne peut se tourner par aucun des mots qui précèdent.

18. Comment distingue-t-on *en* pronom de *en* préposition?

En pronom précède toujours un verbe et peut se remplacer par *de lui, d'elle, d'eux, d'elles,* ou *de cela;* *en* préposition ne peut se remplacer par aucun de ces pronoms, et est suivi d'un substantif ou d'un participe présent.

19. Comment distingue-t-on *y* pronom de *y* adverbe?

Y pronom peut se tourner par *à lui, à elle* ou *à cela,* et *y* adverbe peut se tourner par *là.*

20. Qu'est-ce que les pronoms indéfinis? — 102.

21. En combien de classes se divisent les pronoms indéfinis? — 103.

22. Quels sont ceux qui ne sauraient être que pronoms indéfinis? — 103-1°.

23. Quels sont ceux qui sont tour à tour pronoms indéfinis et adjectifs? — 103-2°.

24. Quels sont ceux qui sont tantôt pronoms indéfinis et tantôt pronoms relatifs? — 103-3°.

25. Quand le mot *personne* est-il pronom indéfini, et quand est-il nom commun ? — 103-4°.

26. Quand le mot *chose* est-il pronom indéfini, quand est-il nom commun ? — 103-4° *bis*.

EXERCICES

Pour apprendre à connaitre les Pronoms.

(Faire souligner tous les pronoms que renferment ces exercices.)

1. Je crois. Tu espères. Il aime. Nous aimons. Vous causez. Les enfants jouent ; ils sont légers. Je vous vois. Vous me troublez. Nous nous félicitons. Tu te dissipes. Je te reprocherai ta négligence, elle pourrait te porter malheur. Le soleil paraît, il est beau. Les nuages fuient, ils sont épais. La journée finit, elle a été froide. Les étoiles brillent, elles sont bien grandes, et cependant elles paraissent petites.

2. Les louanges de Dieu sont chantées par les oiseaux ; ne devons-nous pas nous faire un plaisir de les imiter ? Vous ne voulez pas me croire maintenant ; vous pourrez bien vous en repentir un jour. Ces petites filles sont méchantes, elles désolent leurs parents ; je leur reproche continuellement leur mauvaise conduite. Le salut de notre âme est notre grande affaire ; donnons-y tous nos soins.

3. Le ciel nous est ouvert ; nous y irons, si nous le voulons bien. Corneille et Racine sont deux grands poètes : celui-là est plus sublime ; celui-ci est plus tendre. Cette écolière est paresseuse ; c'est là encore son moindre défaut. Ce que nous devons le plus redouter, et ce qui compromet le plus notre salut, ce sont

nos inclinations vicieuses : donnons-y beaucoup d'attention, et combattons-les avec le plus grand soin, car nous pourrions en devenir les victimes.

4. Quoique ce jardin ait ses agréments, je trouve le mien encore plus plaisant. Si vos nouveaux livres vous enchantent, les nôtres ne nous sont pas moins agréables. Mon père, dont j'attends le retour, m'apportera les livres que je lui ai demandés, et dont j'ai besoin. Soyons reconnaissants envers ceux qui nous donnent leurs soins, et s'appliquent à nous former. Ma fille, tu dis que tu n'es pas craintive ; pour moi, quand le tonnerre se fait entendre, j'en suis tout effrayé, et je ne puis m'empêcher de trembler.

5. Ces hommes et ces femmes ont leurs défauts, et c'est en vain que nous leur avons donné les monitions les plus sages. Celui-ci ne soupire qu'après la fortune, il la recherche à tout prix ; celui-là ambitionne les honneurs comme s'il y devait trouver le souverain bonheur : celle-ci ne rêve que toilette, elle ne rougit pas de s'en faire une occupation sérieuse ; celle-là se jette dans les amusements, elle y court avec une espèce de fureur. La géographie qu'on vous enseigne n'est pas difficile à apprendre ; étudiez-la avec soin, et vous ne tarderez pas à y faire du progrès.

6. Les petites filles à qui l'étude déplaît veulent toujours étudier quand les autres travaillent ; ce n'est pas là le moyen d'utiliser le temps. Vous venez me rappeler une chose à laquelle je ne pensais pas. Les maux de la vie ne sont à craindre que pour les impies ; l'homme vertueux en fait son profit, en les souffrant

avec patience, et en s'y résignant avec un entier aban-
don. Ce livre vous instruira, car il est bon ; je vous
engage à y revenir souvent, et même à en faire votre
lecture habituelle. J'irai vous porter les deux livres
dont vous m'avez fait la demande.

7. Quand vous aurez reçu mes livres, vous vous hâterez de les parcourir, afin que je puisse les donner
bientôt à vos tantes qui désirent aussi les lire. Je n'aime
pas les gens que j'entends médire ; je les suppose toujours moins irréprochables que ceux dont ils parlent,
et qu'ils se plaisent à déchirer. Vous dites, mes enfants, que votre sort est à plaindre ; mais le nôtre l'est
encore bien davantage : vos jours se passent dans la
joie, les nôtres s'écoulent dans la tristesse. Vous avez
le bonheur d'avoir vos parents ; les miens m'ont adressé
le dernier adieu depuis longtemps.

8. Ces femmes sont ridicules : leur bavardage est
continuel ; mon plus grand désir est de les éviter, le leur
semble être de me rechercher. Cette petite fille se
flatte en vain d'avoir une santé à l'épreuve : autant
la vôtre est forte, autant la sienne est débile. Ma fille,
tu n'aimes pas, dis-tu, ce travail ; il peut cependant te
procurer les secours dont tu as besoin, tant pour toi-
même que pour ta famille. Je te vois t'amuser et perdre
ton temps en frivolités ; je t'engage à remplir exactement désormais la tache qui t'est donnée, les devoirs
qu'on t'impose.

9. Mon enfant, tu prétends quelquefois que tu n'as
rien à faire ; est-ce qu'il manque jamais de l'occupation à ceux qui veulent travailler? Ceux-là sont bien

fous, qui se fient à leurs forces; il leur arrivera malheur, car la mort les surprendra à l'improviste. La nouvelle dont je vous entretenais hier, ne s'est pas confirmée; elle me paraît bien suspecte. Cette femme qui m'a parlé ne m'a point paru très-sûre de ce qu'elle m'a avancé : n'avez-vous pas remarqué qu'elle se contredisait dans ses paroles?

10. Quiconque se justifie soi-même, se fait illusion : personne ne doit s'établir juge dans sa propre cause. Que dites-vous de ceux et de celles qui n'ont point d'autre occupation ni d'autre souci que de s'amuser et de se jeter dans de continuelles dissipations? Ce sont des fous qui déploreront amèrement un jour tous les moments perdus; il serait bien triste pour vous de leur ressembler. Quiconque désire sérieusement se sauver doit y travailler sans relâche : on n'obtient pas le salut sans effort, et il en est beaucoup qui tombent à cet égard en une illusion déplorable.

11. Personne, dit saint Paul, ne sera couronné, s'il n'a légitimement combattu; nul n'arrivera au ciel sans avoir soutenu bien des combats et remporté bien des victoires. Voyez les saints : que n'ont-ils pas fait pour assurer le salut de leurs âmes? l'un a sacrifié tous ses biens, un autre a fait le sacrifice de sa vie même; celui-ci s'est porté aux mortifications les plus pénibles, celui-là s'est confiné dans les solitudes les plus profondes. Ne soyez ni fier ni orgueilleux, car on chercherait à savoir ce que vous valez réellement, et vous y perdriez toujours.

(Dans ces exercices, faire surmonter chaque espèce de pronoms des initiales qui lui conviennent.)

12. La religion est la chaîne d'or qui unit la terre au ciel. Le nom de Dieu et le nom de mère sont les plus doux noms qu' on puisse prononcer, et en Marie ils sont réunis : Mère de Dieu. Avec quel respect ne ne devons-nous pas répéter ce beau titre : Mère de Dieu, priez pour nous ! On demandait au jeune Stanislas s'il aimait la très-sainte Vierge : « Ah ! si je l' aime !... c' est ma mère du ciel. » Heureux l'enfant qui entretient les mêmes sentiments dans son cœur. Si Dieu prend soin des petits oiseaux qui n'ont ni abri ni provisions pour l'hiver, à plus forte raison protégera-t- il ses enfants qui espèrent en lui. Qui a jamais placé en Dieu sa confiance, et s' est vu trompé ? Qui l' a jamais invoqué sans éprouver l'effet de son secours ? L'homme malheureux qui, dans son infortune, accuse la providence, ressemble à l'enfant qui ne comprend pas qu'une correction est une preuve de l'amour paternel.

13. L'homme qui sait le mieux souffrir possèdera une grande paix ; celui-là est vainqueur de lui-même, maître du monde, ami de Jésus-Christ. Il nous est quelquefois possible de cacher nos fautes aux yeux des hommes ; mais nous ne saurions les soustraire aux yeux de Dieu. Quiconque, pour échapper à un mal temporel, perd la grâce de Dieu, craint plus l'affliction que le péché : il n'évite quelques instants de peine

qu'en sacrifiant son âme pour l'éternité. Dieu et les anges voient avec joie les élèves d'une même classe
p. pers.   p. ind.   p. ind.
s' exciter les uns les autres au travail, à la piété, à la
p. ind.
vertu : les uns en donnant le bon exemple, les autres
p. ind.
en l'imitant. Une famille et une classe où règne la paix offrent quelque image du ciel où tous n'ont qu'un même
p. pers.
sentiment, qu'une même volonté et s' aiment mutuellement en aimant leur Créateur.

p. d. p. r. p. pers.
14. Le sentiment vraiment religieux est ce qu' il y a de plus doux et de plus fort, de plus simple et de
p. ind.
plus sublime ; rien n'est plus propre à embellir les joies, à calmer les douleurs, à fortifier l'âme contre toutes les
p. r.
épreuves dont la vie est semée. La religion est notre
p. pers.
meilleure amie ; elle est l'amie de tous, du riche et du
p. pers.
pauvre ; elle a pour tous les plus salutaires conseils :
p. pers.   p. d. p. r. p. pers.
elle enseigne à tous ce qu' ils doivent faire pour trouver le vrai bonheur. Quel chemin Jésus-Christ a fait
p. pers.   p. pers.
pour se donner à nous! Du ciel à la crèche, de la crèche à la croix, de la croix à l'autel et de l'autel dans
p. ind.   p. pers. p. r. p. pers.
notre cœur. Que possédez-vous que vous n'ayez point
p. pers.   p. ind.
reçu de Dieu? Mais si vous avez tout reçu de Dieu,
p. pers.   p. pers.   p. ind.
pourquoi vous glorifier comme si vous teniez tout de
p. pers.
vous-même ?

ANALYSE.

Je suis heureux. Cet enfant serait aimable. C'eût été une chose merveilleuse. Les personnes humbles se méprisent et se croient dignes du mépris de tout le monde. Les raisons que vous me donnez me paraissent excellentes ; je crois que toutes vos maîtresses les approuvent. Nos connaissances sont différentes; les vôtres sont plus variées que les miennes. Ces deux enfants étudient la grammaire et s'y appliquent beaucoup : l'un est plus fort que l'autre. Nul n'est satisfait de sa fortune.

(Comme il ne se peut construire de phrases avec des pronoms sans verbes, nous donnons des verbes dans cette analyse; mais on n'en dira point les différentes espèces, ni les sujets, ni les régimes, puisque ce qui concerne le verbe est censé inconnu des élèves.)

Je	Pron. pers., 1re pers. du masc. sing.
suis	Verbe subst. *être*, au prés. de l'ind., 1re pers. du sing.
heureux.	Adj. qual., masc. sing., se rap. à *Je*.
Cet	Adj. démonst., masc. sing., se rap. à *enfant*.
enfant	Nom com., masc. sing.
serait	Verbe subst. *être*, au prés. du cond., 3e pers. du sing.
aimable.	Adj. qual., masc. sing., se rap. à *enfant*.
C'	Pour *ce*, pron. démonst., masc. sing.
eût été	Verbe subst. *être*, au 2e passé du cond., 3e pers. du sing.
une	Adj. num. card., fém. sing., se rap. à *chose*.
chose	Nom com., fém. sing.
merveilleuse.	Adj. qual., fém. sing., se rap. à *chose*.
Les	Art. simp., fém. plur., se rap. à *personnes*.
personnes	Nom com., fém. plur.
humbles	Adj. qual., fém. plur., se rap. à *personnes*.
se	Pron. pers., 3e pers. du fém. plur.
méprisent	Verbe *mépriser*, au prés. de l'ind., 3e pers. du plur.
et	Conj., mot invariable.
se	Pron. pers., 3e pers. du fém. plur.
croient	Verbe *croire*, au prés. de l'ind., 3e pers. du plur.
dignes	Adj. qual., fém. plur., se rap. à *personnes*.
du	Pour *de le*, art. comp., masc. sing., se rap. à *mépris*.

mépris	Nom com., masc. sing.
de	Prép., mot inv.
tout	Adj. dét., masc. sing., se rap. à *monde*.
le	Art. simp., masc. sing., se rap. à *monde*.
monde.	Nom com., masc. sing.
Les	Art. simp., fém. plur., se rap. à *raisons*.
raisons	Nom com., fém. plur.
que	Pour *lesquelles raisons*, pron. relatif, fém. plur.
vous	Pron. pers., 2e pers. du plur.
me	Pron. pers., 1re pers. du sing.
donnez	Verbe *donner*, au prés. de l'ind., 2e pers. du plur.
me	Pron. pers., 1re pers. du sing.
paraissent	Verbe *paraître*, au prés. de l'ind. 3e pers. du plur.
excellentes;	Adj. qual., fém. plur., se rap. à *raisons*.
je	Pron. pers., 1re pers. du sing.
crois	Verbe *croire*, au prés. de l'ind., 1re pers. du sing.
que	Conj., mot invar.
toutes	Adj. dét., fém. plur., se rap. à *maîtresses*.
vos	Adj. poss., fém. plur., se rap. à *maîtresses*.
maîtresses	Nom com., fém. plur.
les	Pour *raisons*, pron. pers., 3e pers. du fém. plur.
approuvent.	Verbe *approüver*, au prés. de l'ind., 3e pers. du plur.
Nos	Adj. poss., fém. plur., se rap. à *connaissances*.
connaissances	Nom com., fém. plur.
sont	Verbe subst. *être*, au prés. de l'ind., 3e pers. du plur.
différentes;	Adj. qual., fém. plur., se rap. à *connaissances*.
les vôtres	Pron. poss., fém. plur.
sont	Verbe subst. *être*, au prés. de l'indicatif, 3e pers. du plur.
plus	Adv., mot inv.
variées	Adj. qual., fém. plur., se rapporte à *les vôtres*, mis pour *connaissances*.

que	Conj., mot inv.
les miennes.	Pron. poss., fém. plur.
Ces	Adj. démonst., masc. plur., se rap. à enfants.
deux	Adj. num. card., masc. plur., se rap. à enfants.
enfants	Nom com., masc. plur.
étudient	Verbe étudier, au prés. de l'ind., 3e pers. du plur.
la	Art. simp., fém. sing., se rap. à grammaire.
grammaire	Nom com., fém. sing.
et	Conj., mot inv.
s'	Pour se, pron. pers., 3e pers. du masc. plur.
y	Pour à elle, la grammaire, pron. relatif, fém. sing.
appliquent	Verbe appliquer, au prés. de l'ind., 3e pers. du plur.
beaucoup :	Adv., mot inv.
l'un	Pron. ind., masc. sing.
est	Verbe subst. être, au prés. de l'indicatif, 3e pers. du sing.
plus	Adv., mot inv.
fort	Adj. qual., masc. sing., se rap. à l'un.
que	Conj., mot inv.
l'autre.	Pron. ind., masc. sing.
Nul	Pron. ind., masc. sing.
n'	Adv., mot inv,
est	Verbe subst. être, au prés. de l'indicatif, 3e pers. du sing.
satisfait	Adj. qual., masc. sing., se rap. à nul.
de	Prép., mot inv.
sa	Adj. poss., fém. sing., se rap. à fortune.
fortune.	Nom com., fém. sing.

MODÈLE

De Compositions.

(Lorsqu'un chapitre est terminé, il ne faut pas se contenter, dans la composition qui suit, de donner des exercices sur ce seul chapitre, il faut revenir aux premières espèces de mots déjà vues, et donner des questions et des exercices tantôt sur l'une, tantôt sur l'autre, afin que les élèves n'oublient pas.)

1° *Questions.* — 1. Qu'appelle-t-on mots invariables? — 2. Comment distingue-t-on le nombre dans les noms? — 3. Qu'est-ce que l'article? — 4. Quels sont les adjectifs qui restent tels au féminin qu'ils sont au masculin? — 5. Comment distingue-t-on *le, la, les* articles de *le, la, les* pronoms personnels? — 6. Quand *autre, nul, plusieurs, tel, tout* sont-ils adjectifs? Quand sont-ils pronoms indéfinis?

2° Exercices. — 1. (Dicter les noms suivants sans articles, et les faire ranger sur deux colonnes, les noms masculins à gauche, et les noms féminins à droite, en les faisant précéder des articles *le, la*, ou des adjectifs déterminatifs *un, une*, suivant le genre de chaque nom.)

Crayon, règle, cahier, plume, coq, poule, toît, maison, enseigne, pays, fleur, ruisseau, ciel, mère, fille, tante, nièce, œil, nez, faute, doigt, récréation, joie, dortoir, lit, chaise, table, poirier, poire, tabouret, fauteuil, navire, bâtiment, instruction, science, sagesse, docilité, église, croix, soulèvement, gilet, habit, flamme, braise, abîme (*m.*), arrosoir (*m.*), insulte (*f.*), lettre, ouvrage (*m.*), problème, âge, piété, escalier, huile (*f.*), ongle (*m.*), promenade, étude, porte, fenêtre, âme, jugement, éternité, espérance, désespoir.

2. (Faire souligner les pronoms que renferme cet exercice.)

Ce qui me révolte, c'est de voir les riches s'enorgueillir de leur opulence. Les nouvelles dont je vous entretenais hier, me paraissent aujourd'hui fort suspectes; je vois qu'elles ne se vérifient pas. Un homme de mérite est un soleil dont les rayons échauffent, brillent et éblouissent à mesure qu'on en approche. Achevez votre devoir, nous finirons le nôtre quand nous le pourrons. Le livre dont on vous a parlé est-il plus intéressant que celui que l'on vous a donné pour prix? Souvent ceux qui se targuent de leur élévation, ne sont haut placés que depuis peu de temps. Cette petite fille que je viens de faire sortir, s'applique beaucoup à ce qu'on lui donne à faire; celle-ci se met peu en peine des devoirs de son état, dont elle aura pourtant un jour un compte sévère à rendre à Dieu.

CHAPITRE V.

DU VERBE.

QUESTIONS SUR CE CHAPITRE.

1. Qu'est-ce que le verbe? — N°s 104 et 106.

2. Qu'est-ce que le sujet du verbe?
Le sujet est le mot qui représente la personne ou la chose qui fait l'action du verbe, ou qui est dans l'état exprimé par le verbe.

3. Quel est le moyen mécanique de trouver le sujet du verbe? — 109.

4. Quels mots sont ordinairement sujets d'un verbe, et à quelle personne se met le verbe si le sujet est un nom? — 110.

5. Qu'y a-t-il à remarquer lorsque le sujet d'un verbe est un pronom ou un autre verbe? — 111 et 112.

6. Quand le verbe doit-il se mettre au pluriel? — 113.

7. Comment se met le verbe si les sujets sont de différentes personnes? — 114.

8. Qu'est-ce que le complément ou régime du verbe? — 115.

9. Combien y a-t-il de sortes de compléments ou régimes? — 116.

10. Qu'est-ce que le régime direct? — 117.

11. Quel est le moyen mécanique de trouver le régime direct? — 118.

12. Qu'est-ce que le régime indirect? — 119.

13. Qu'y a-t-il de particulier pour les pronoms régimes? — 120.

14. Quels pronoms sont toujours régimes directs? — 121.

15. Qu'y a-t-il de particulier pour le pronom *que*? — 122.

16. Quels pronoms sont toujours régimes indirects? — 123.

17. Quels pronoms sont tantôt régimes directs et tantôt régimes indirects? — 124 et 125.

18. Combien y a-t-il de sortes de verbes? — 126.

19. Quand un verbe est-il actif? — 127.

20. Comment reconnaît-on un verbe actif? — 128.

21. Que peut devenir le verbe actif et qu'est-ce que le verbe passif? — 129.

22. Qu'appelle-t-on verbe neutre? — 130.

23. En quoi le verbe neutre diffère-t-il du verbe actif? — 131.

24. Qu'est-ce que le verbe pronominal? — 132.

25. Combien y a-t-il de sortes de verbes pronominaux? — 133.

26. Qu'est-ce que le verbe pronominal essentiel? — 134.

27. Qu'est-ce que le verbe pronominal accidentel? — 135.

28. Qu'est-ce que le verbe impersonnel? — 136.

29. Combien distingue-t-on de sortes de verbes impersonnels, et qu'est-ce que les verbes impersonnels essentiels? — 137.

30. Qu'est-ce que les verbes impersonnels accidentels? — 138.

31. Quand le verbe *être* prend-il le nom de verbe substantif? — 138, à la remarque.

32. Combien distingue-t-on de changements dans le verbe? — 139.

33. Combien y a-t-il de nombres dans le verbe?— 140.

34. Combien les verbes ont-ils de personnes?— 141.

35. Qu'est-ce que le mode? — 142.

36. Combien y a-t-il de modes? — 143.

37. De quelle manière l'indicatif exprime-t-il l'action? — 144.

38. De quelle manière le conditionnel l'exprime-t-il? — 145.

39. De quelle manière l'impératif l'exprime-t-il? — 146.

40. De quelle manière le subjonctif l'exprime-t-il? — 147.

41. De quelle manière l'infinitif l'exprime-t-il?— 148.

42. Qu'est-ce que le temps? — 149.

43. Combien le temps admet-il de parties ou d'époques?— 150.

44. Pourquoi y a-t-il plusieurs sortes de passés et de futurs? — 151.

45. Pourquoi n'y a-t-il qu'un présent? — 151 *bis*.

46. Combien y a-t-il de temps pour exprimer les trois époques? — 152.

47. Dans quel temps le présent exprime-t-il l'action? — 153.

48. Comment les cinq temps qui marquent le passé expriment-ils l'action? — 154.

49. Comment les deux temps qui marquent le futur expriment-ils l'action? — 155.

50. Comment se divisent encore les temps du verbe? — 156.

51. Qu'est-ce que les temps simples? — 157.

52. Qu'est-ce que les temps composés? — 158.

53. Qu'est-ce que *conjuguer* un verbe? — 159.

54. Combien y a-t-il de conjugaisons? — 160.

55. Pourquoi commence-t-on par la conjugaison des verbes *avoir* et *être*? — 161.

EXERCICES

Sur le Verbe *Avoir.*

(Faire apprendre parfaitement, réciter de mémoire, et écrire même plusieurs fois, s'il est nécessaire, la conjugaison du verbe *Avoir.* Après quoi on donnera en devoir aux élèves les phrases suivantes, et l'on fera rendre compte des différents temps et des différentes personnes du verbe *Avoir*, qui se trouvent dans l'exercice.)

1. J'ai *(Prés. de l'ind.,* 1ʳᵉ *pers. sing.)* les raisons les plus fortes. Vous avez *(Prés. de l'ind.,* 2ᵉ *pers. plur.)* des oiseaux charmants. Tu avais *(Imparfait de l'ind.,* 2ᵉ *pers. sing.)* des inquiétudes bien grandes. Nous avons eu *(Passé ind.,* 1ʳᵉ *pers. plur.)* un temps désagréable. Ma mère eut *(Passé déf.,* 3ᵉ *pers. sing.)* hier une rencontre fâcheuse. Vous aurez *(futur,* 2ᵉ *pers. plur.)* demain une fête solennelle. Ces hommes ont eu *(Passé ind.,* 3ᵉ *pers. plur.)* bien de la fatigue. Tu avais eu *(Plus-que-parfait de l'ind.,* 2ᵉ *pers. sing.)* une pluie battante. J'aurai eu *(Futur antérieur,* 1ʳᵉ *pers. sing.)* une pleine réussite. Cet aimable enfant aura *(Futur,* 3ᵉ *pers. sing.)* l'estime de ses maîtresses. Ayez *(Impér.,* 2ᵉ *pers. plur.)* pour moi cette complaisance. Cette petite fille aura *(Fut.,* 3ᵉ *pers. sing.)* des succès remarquables. Ayons *(Impér.* 1ʳᵉ *pers. plur.)* soin de notre salut. Nous avons *(Prés. de l'ind.,* 1ʳᵉ *pers. plur.)* de grandes inquiétudes. Cette personne a *(Prés. de l'ind.,* 3ᵉ *pers. sing.)* de la vertu.

2. Tu avais *(Plus-que-parfait de l'ind.,* 2ᵉ *pers. sing.)* la plus belle des récompenses. Le vieux Richard avait *(Imparfait de l'ind.,* 3ᵉ *pers. sing.)* sa barque chargée. Ces serviteurs ont eu *(Passé indéfini,* 3ᵉ *pers. plur.)* de la fidélité au service de leur maître. L'étude de la grammaire française aura *(Futur simple,* 3ᵉ *pers. sing.)* des charmes pour vous. Nous aurions *(Cond. présent,* 1ʳᵉ *pers. plur.)* la croix souvent, si nous étions les plus fortes de la classe. Il faut que vous ayez *(Présent du subj.,* 2ᵉ *pers. plur.)* une grande ardeur pour le travail.

Il faudrait que vous eussiez (*Imparfait du subj.*, 2ᵉ *pers. plur.*) de bons désirs, et de généreuses pensées. Il faut que nous ayons (*Présent du subj.*, 1ʳᵉ *pers. plur.*) des raisons fortes et convaincantes. Ma fille, aie (*Impératif*, 2ᵉ *pers. sing.*) bon courage et tu seras victorieuse. Mes enfants, ayez (*Impératif*, 2ᵉ *pers. plur.*) une humilité profonde et vous serez agréables à Dieu. Si nous avions (*Imparfait de l'ind.*, 1ʳᵉ *pers. plur.*) de l'ardeur pour le travail, nous serions bientôt savants. Nous aurions (*Cond. présent*, 1ʳᵉ *pers. plur.*) de la patience dans nos maux, si nous étions assez courageux. Mon enfant, tu eus (*Passé défini*, 2ᵉ *pers. sing.*) l'autre jour une bonne punition.

3. Ta sœur eut (*Passé défini*, 3ᵉ *pers. sing.*) les jours derniers une belle récompense pour avoir eu (*Passé de l'infinitif*) son devoir d'orthographe sans faute. Ma fille, il faut que tu aies (*Présent du subj.*, 2ᵉ *pers. sing.*) aujourd'hui une application soutenue afin d'avoir (*Présent de l'infinitif*) une image dorée. Ayons (*Impératif*, 1ʳᵉ *pers. plur.*) en Dieu une pleine confiance, et nous serons sûrs de son appui. Celui qui a (*Indicatif présent*, 3ᵉ *pers. sing.*) aujourd'hui de grandes possessions sera bien nu à l'heure de la mort. Nous serions toujours heureux et contents, si nous avions (*Imparfait de l'ind.*, 1ʳᵉ *pers. plur.*) une entière soumission à la divine Providence. Nous avions (*Imparfait de l'ind.*, 1ᵉʳ *pers. plur.*) mal fait nos compositions du mois de juillet. Voici un enfant dont je suis satisfait; je n'ai (*Indicatif présent*, 1ʳᵉ *pers. sing.*) aucun reproche à lui adresser. Ayons (*Impératif*, 1ᵉʳ *pers. plur.*) beaucoup d'amour pour Dieu.

4. Ma sœur, nous avons (*Ind. prés.*, 1ʳᵉ *pers. plur.*) lieu de douter si tu es laborieuse; as-tu (*Ind. prés.*, 2ᵉ *pers. sing.*) le projet de changer de conduite. Mes chers enfants, il faudrait que vous eussiez (*Imp. du subj.*, 2ᵉ *pers. plur.*) grandement à cœur vos intérêts éternels, que vous fussiez ardents dans la pratique du bien et fermes pour la fuite du mal. Soyons humbles et doux à l'exemple du bon Jésus notre divin modèle; ayons (*Imp.*, 1ʳᵉ *pers. plur.*) de la charité pour nos

frères , et Dieu sera miséricordieux envers nous. Que l'Esprit-Saint soit toujours notre unique mobile ; que toutes nos actions, nos paroles et nos pensées aient (*Présent du subj.*, 3ᵉ *pers. plur.*) Dieu pour but ; qu'elles soient uniquement pour sa plus grande gloire. Nous aurions (*Cond. prés.*, 1ʳᵉ *pers. plur.*) de l'amour pour la souffrance , si nous étions plus désireux de notre vrai bien.

EXERCICES

Sur le Verbe *Être*.

(Faire apprendre parfaitement , réciter de mémoire , et écrire même plusieurs fois , s'il est nécessaire, le verbe *Être*. Après cela, on écrira comme ci-dessous deux fois toute la conjugaison du verbe *Être* , sur deux colonnes diverses , en ajoutant toujours les deux adjectifs *content* et *heureux*, qui, dans la première colonne, devront se mettre au masculin singulier ou pluriel ; et dans la deuxième colonne, au féminin singulier ou pluriel. — Il suffira ici de dicter le présent de l'indicatif, pour mettre les élèves sur la voie).

INDICATIF PRÉSENT.	INDICATIF PRÉSENT.
Masculin.	*Féminin.*
Je suis content et heureux.	Je suis contente et heureuse.
Tu es content et heureux.	Tu es contente et heureuse.
Il est content et heureux.	Elle est contente et heureuse.
Nous sommes contents et heureux.	Nous sommes contentes et heureuses.
Vous êtes contents et heureux.	Vous êtes contentes et heureuses.
Ils sont contents et heureux.	Elles sont contentes et heureuses.

Continuation du même Exercice.

(Avertir qu'on devra faire accorder les adjectifs qui suivent le verbe *Être* avec les noms qui les précèdent. — On ne dictera les adjectifs que pour la première colonne, et seulement au singulier.)

DICTÉE.

MASCULIN.	FÉMININ.
Singulier. Mon père est bon et pieux.	*Singulier*. Ma mère est bonne, etc.
Pluriel. Mes parents sont bons, etc.	*Pluriel*. Mes tantes sont, etc.
S. Le jour était beau et serein.	*S.* La journée était, etc.
P. Les jours étaient.	*P.* Les journées étaient, etc.
S. Le matin a été beau, mais frais.	*S.* La matinée a été, etc.
P. Les matins, etc.	*P.* Les matinées ont été, etc.
S. Le pré fut vert et fleuri.	*S.* La prairie, etc.
P. Les prés, etc.	*P.* Les prairies, etc.
S. Le mal sera long et rigoureux.	*S.* La maladie, etc.
P. Les maux, etc.	*P.* Les maladies, etc.
S. Le combat avait été animé et sanglant.	*S.* La bataille, etc.
P. Les combats, etc.	*P.* Les batailles, etc.
S. Le succès avait été glorieux et facile.	*S.* La victoire, etc.
P. Les succès, etc.	*P.* Les victoires, etc.
S. Le peuple serait heureux et florissant.	*S.* La nation serait, etc.
P. Les peuples, etc.	*P.* Les peuples, etc.
S. Que ce garçon soit docile et obéissant.	*S.* Que cette fille, etc.
P. Que ces garçons, etc.	*P.* Que ces filles, etc.
S. Que cet homme ait été vif et emporté.	*S.* Que cette femme, etc.
P. Que ces hommes, etc.	*P.* Que ces femmes, etc.
S. Que ce fruit fût mûr et savoureux.	*S.* Que cette pomme, etc.

MASCULIN.	FÉMININ.
P. Que ces fruits, etc.	*P.* Que ces pommes, etc.
S. Qu'un seul enfant eût été malheureux.	*S.* Qu'une seule personne, etc.
P. Que plusieurs, etc.	*P.* Que plusieurs, etc.
S. Le fleuve est large et impétueux.	*S.* La rivière, etc.
P. Les fleuves, etc.	*P.* Les rivières, etc.
S. Ce bois était épais et touffu.	*S.* Cette forêt, etc.
P. Ces bois, etc.	*P.* Ces forêts, etc.
S. Ce jardin fut charmant et productif.	*S.* Cette prairie fut, etc.
P. Ces jardins, etc.	*P.* Ces prairies, etc.
S. Son air a été spirituel et bénin.	*S.* Sa physionomie, etc.
P. Ses regards.	*P.* Ses manières, etc.
S. Ce caractère eût été sec et brutal.	*S.* Cette parole, etc.
P. Ces caractères, etc.	*P.* Ces paroles, etc.
S. Le cheval avait été malin et léger.	*S.* La bête, etc.
P. Les chevaux, etc.	*P.* Les bêtes, etc.
S. Le pays sera sec, glacial et inhabité.	*S.* La contrée, etc.
P. Les pays, etc.	*P.* Les contrées, etc.
S. L'écolier aura été docile et discret.	*S.* L'écolière, etc.
P. Les écoliers, etc.	*P.* Les écolières, etc.
S. Le drap serait blanc et vieux.	*S.* La serviette, etc.
P. Les draps, etc.	*P.* Les serviettes, etc.
S. L'habit aurait été nouveau et neuf.	*S.* La robe, etc.
P. Les habits, etc.	*P.* Les robes, etc.
S. Que le local soit exigu et obscur.	*S.* Que la chambre, etc.
P. Que les locaux, etc.	*P.* Que les, etc.
S. Que le manteau fût épais et long.	*S.* Que la couverture, etc.
P. Que les, etc.	*P.* Que les couvertures, etc.

MASCULIN.	FÉMININ.
S. Que le soldat ait été spoliateur et brutal.	S. Que la troupe, etc.
P. Que les soldats, etc.	P. Que les troupes, etc.
S. Que l'enfant eût été doux et spirituel.	S. Que la fille, etc.
P. Que les enfants, etc.	P. Que les filles, etc.
S. Le marchand aurait été fourbe et querelleur.	S. La marchande, etc.
P. Les marchands, etc.	P. Les marchandes, etc.
S. Le chat eût été mignon et voleur.	S. La chatte, etc.
P. Les chats, etc.	P. Les chattes, etc.
S. Que le bal soit dangereux et long.	S. Que la danse, etc.
P. Que les bals, etc.	P. Que les danses, etc.
S. Un seul homme sera premier.	S. Une seule personne, etc.
P. Plusieurs hommes, etc.	P. Plusieurs personnes, etc.
S. L'aïeul était vieux et expérimenté.	S. L'aïeule était, etc.
P. Les aïeuls, etc.	P. Les aïeules, etc.

CORRIGÉ.

MASCULIN.	FÉMININ.
S. Mon père est bon et pieux.	S. Ma mère est bonne et pieuse.
P. Mes parents sont bons et pieux.	P. Mes tantes sont bonnes et pieuses.
S. Le jour est beau et serein.	S. La journée est belle et sereine.
P. Les jours étaient beaux et sereins.	P. Les journées étaient belles et sereines.
S. Le matin a été beau, mais frais.	S. La matinée a été belle, mais fraîche.
P. Les matins ont été beaux, mais frais.	P. Les matinées ont été belles, mais fraîches.
S. Le pré fut vert et fleuri.	S. La prairie fut verte et fleurie.

MASCULIN.	FÉMININ.
P. Les prés furent verts et fleuris.	*P.* Les prairies furent vertes et fleuries.
S. Le mal sera long et rigoureux.	*S.* La maladie sera longue et rigoureuse.
P. Les maux seront longs et rigoureux.	*P.* Les maladies seront longues et rigoureuses.
S. Le combat avait été animé et sanglant.	*S.* La bataille avait été animée et sanglante.
P. Les combats avaient été animés et sanglants.	*P.* Les batailles avaient été animées et sanglantes.
S. Le succès aurait été glorieux et facile.	*S.* La victoire aurait été glorieuse et facile.
P. Les succès auraient été glorieux et faciles.	*P.* Les victoires auraient été glorieuses et faciles.
S. Le peuple serait heureux et florissant.	*S.* La nation serait heureuse et florissante.
P. Les peuples seraient heureux et florissants.	*P.* Les nations seraient heureuses et florissantes.
S. Que ce garçon soit docile et obéissant.	*S.* Que cette fille soit docile et obéissante.
P. Que ces garçons soient dociles et obéissants.	*P.* Que ces filles soient dociles et obéissantes.
S. Que cet homme ait été vif et emporté.	*S.* Que cette femme ait été vive et emportée.
P. Que ces hommes aient été vifs et emportés.	*P.* Que ces femmes aient été vives et emportées.
S. Que ce fruit fût mûr et savoureux.	*S.* Que cette pomme fût mûre et savoureuse.
P. Que ces fruits fussent mûrs et savoureux.	*P.* Que ces pommes fussent mûres et savoureuses.
S. Qu'un seul enfant eût été malheureux.	*S.* Qu'une seule personne eût été malheureuse.
P. Que plusieurs enfants eussent été malheureux.	*P.* Que plusieurs personnes eussent été malheureuses.
S. Le fleuve est large et impétueux.	*S.* La rivière est large et impétueuse.
P. Les fleuves sont larges et impétueux.	*P.* Les rivières sont larges et impétueuses.

MASCULIN.	FÉMININ.
S. Ce bois était épais et touffu.	*S.* Cette forêt était épaisse et touffue.
P. Ces bois étaient épais et touffus.	*P.* Ces forêts étaient épaisses et touffues.
S. Ce jardin fut charmant et productif.	*S.* Cette prairie fut charmante et productive.
P. Ces jardins furent charmants et productifs.	*P.* Ces prairies furent charmantes et productives.
S. Son air a été spirituel et bénin.	*S.* Sa physionomie a été spirituelle et bénigne.
P. Ses regards ont été spirituels et bénins.	*P.* Ses manières ont été spirituelles et bénignes.
S. Ce caractère eût été sec et brutal.	*S.* Cette parole eût été sèche et brutale.
P. Ces caractères eussent été secs et brutaux.	*P.* Ces paroles eussent été sèches et brutales.
S. Le cheval avait été malin et léger.	*S.* La bête avait été maligne et légère.
P. Les chevaux avaient été malins et légers.	*P.* Les bêtes avaient été malignes et légères.
S. Le pays sera glacial et inhabité.	*S.* La contrée sera glaciale et inhabitée.
P. Les pays seront glacials et inhabités.	*P.* Les contrées seront glaciales et inhabitées.
S. L'écolier aura été docile et discret.	*S.* L'écolière aura été docile et discrète.
P. Les écoliers auront été dociles et discrets.	*P.* Les écolières auront été dociles et discrètes.
S. Le drap serait blanc et vieux.	*S.* La serviette serait blanche et vieille.
P. Les draps seraient blancs et vieux.	*P.* Les serviettes seraient blanches et vieilles.
S. L'habit aurait été nouveau et neuf.	*S.* La robe aurait été nouvelle et neuve.
P. Les habits auraient été nouveaux et neufs.	*P.* Les robes auraient été nouvelles et neuves.
S. Que le local soit exigu et obscur.	*S.* Que la chambre soit exiguë et obscure.
P. Que les locaux soient exigus et obscurs.	*P.* Que les chambres soient exiguës et obscures.

MASCULIN.	FÉMININ.
S. Que le manteau fût épais et long.	S. Que la couverture fût épaisse et longue.
P. Que les manteaux fussent épais et longs.	P. Que les couvertures fussent épaisses et longues.
S. Que le soldat ait été spoliateur et brutal.	S. Que la troupe ait été spoliatrice et brutale.
P. Que les soldats aient été spoliateurs et brutaux.	P. Que les troupes aient été spoliatrices et brutales.
S. Que l'enfant eût été doux et spirituel.	S. Que la fille eût été douce et spirituelle.
P. Que les enfants eussent été doux et spirituels.	P. Que les filles eussent été douces et spirituelles.
S. Le marchand aurait été fourbe et querelleur.	S. La marchande aurait été fourbe et querelleuse.
P. Les marchands auraient été fourbes et querelleurs.	P. Les marchandes auraient été fourbes et querelleuses.
S. Le chat eût été mignon et voleur.	S. La chatte eût été mignonne et voleuse.
P. Les chats eussent été mignons et voleurs.	P. Les chattes eussent été mignonnes et voleuses.
S. Que le bal soit dangereux et long.	S. Que la danse soit dangereuse et longue.
P. Que les bals soient dangereux et longs.	P. Que les danses soient dangereuses et longues.
S. Un seul homme sera premier.	S. Une seule personne sera première.
P. Plusieurs hommes seront premiers.	P. Plusieurs personnes seront premières.
S. L'aïeul était vieux et expérimenté.	S. L'aïeule était vieille et expérimentée.
P. Les aïeuls étaient vieux et expérimentés.	P. Les aïeules étaient vieilles et expérimentées.

CONJUGAISONS

Des Verbes réguliers.

(Il faut faire apprendre parfaitement chacun des quatre modèles de conjugaisons qui se trouvent dans la grammaire, puis faire conjuguer de vive voix et par écrit différents verbes sur chaque modèle, en faisant distinguer dans chaque verbe le *radical*, qui reste toujours invariable, et la *terminaison*, qui seule varie, et est toujours conforme à la terminaison des verbes donnés pour modèle dans la grammaire. On a pour *radical* dans les verbes de la première conjugaison, toutes les lettres qui précèdent *er* de l'infinitif; dans la deuxième conjugaison toutes les lettres qui précèdent *ir* de l'infinitif; dans la troisième conjugaison, les lettres qui précèdent *evoir* de l'infinitif; pour la quatrième conjugaison, les lettres qui précèdent *re* de l'infinitif.)

1. Verbes à conjuguer sur le 1er modèle *Aimer*.

Jouer, parler, désirer, danser, chanter, marcher, toucher, raconter, siffler, crier, déjeûner, dîner, souper, etc.

2. Verbes à conjuguer sur le 2e modèle *Finir*.

Languir, polir, réjouir, punir, vieillir, bénir, rougir, pâlir, remplir, raffermir, démolir, partir, etc.

3. Verbes à conjuguer sur le 3e modèle *Recevoir*.

Apercevoir, concevoir, decevoir, percevoir, etc.

4. Verbes à conjuguer sur le 4e modèle *Rendre*.

Fendre, vendre, entendre, mordre, défendre, descendre, tendre, dépendre, attendre, suspendre, prétendre, pendre, etc.

(Il y a beaucoup de verbes qui ne suivent pas exactement ces quatre modèles de conjugaisons; on s'en occupera plus tard, — Outre les dictées de cette méthode, la maîtresse devra en faire uniquement d'orthographe d'usage, au moins deux ou trois fois la semaine. Elle les choisira dans un livre bien écrit, intéressant et instructif pour le cœur et l'esprit.)

EXERCICES

Pour apprendre à accorder le Verbe avec son sujet.

(Faire comprendre comment le verbe obéit au sujet, dont il prend le nombre et la personne; puis dicter, au singulier seulement, les phrases suivantes qui devront être rapportées au singulier et au pluriel, par les élèves, sur deux colonnes.)

DICTÉE.

SINGULIER.	PLURIEL.
1. Je travaille,	Nous travaillons.
Tu étudies,	Vous étudiez.
Le soleil brillait,	Les soleils brillaient.
J'étudiais,	Nous étudiions.
Tu lisais,	Vous lisiez.
Il grondait,	Ils grondaient.
L'agneau bêle,	Les agneaux bêlent.
Je dirai,	Nous dirons.
Tu parleras,	Vous parlerez.
L'autre écoutera,	Les autres écouteront.
J'étudiai,	Nous étudiâmes.
Tu chantas,	Vous chantâtes.
Il récita,	Ils récitèrent.
Le taureau beugle,	Les taureaux beuglent.
J'ai obéi,	Nous avons obéi.
Tu as répliqué,	Vous avez répliqué.
Il a grondé,	Ils ont grondé.
Elle a récompensé,	Elles ont récompensé.
Le cochon grogne,	Les cochons grognent.
J'eus demandé,	Nous eûmes demandé.
Tu eus flatté,	Vous eûtes flatté.
Il eut inventé,	Ils eurent inventé.
L'hirondelle gazouille,	Les hirondelles gazouillent.
La paon braille,	Les paons braillent.
Le chat miaule,	Les chats miaulent.
La colombe roucoule,	Les colombes roucoulent.

SINGULIER.	PLURIEL.
2. La poule piaule,	Les poules piaulent.
La rose fleurit,	Les roses fleurissent.
J'avertirai,	Nous avertirons.
Tu uniras,	Vous unirez.
Il guérira,	Ils guériront.
L'esprit conçoit,	Les esprits conçoivent.
Le chien aboyait,	Les chiens aboyaient.
Le loup hurlait,	Les loups hurlaient.
L'oiseau vola,	Les oiseaux volèrent.
Le reptile rampera,	Les reptiles ramperont.
J'ai plié,	Nous avons plié.
Le fanal aurait éclairé,	Les fanaux auraient éclairé.
Le signal se donna,	Les signaux se donnèrent.
Que le filou eût volé,	Que les filous eussent volé.
Le gouvernail se briserait,	Les gouvernails se briseraient.
Que le vantail se ferme,	Que les vantaux se ferment.
Le vent souffla,	Les vents soufflèrent.
La pluie tombait,	Les pluies tombaient.
Je chanterai,	Nous chanterons.
Tu joueras,	Vous jouerez.
Le papillon volera,	Les papillons voleront.
Le père a puni,	Les pères ont puni.
La mère aura gémi,	Les mères auront gémi.
J'ai souffert,	Nous avons souffert.
3. Le bois aura brûlé,	Les bois auront brûlé.
Le ruisseau avait coulé,	Les ruisseaux avaient coulé.
Je recevais,	Nous recevions.
Tu apercevais,	Vous aperceviez.
Que le curieux écoute,	Que les curieux écoutent.
Que je redusse,	Que nous redussions.
Que tu aperçusses,	Que vous aperçussiez.
Qu'il chantât,	Qu'ils chantassent.

SINGULIER.	PLURIEL.
Tu eusses joué,	Vous eussiez joué.
Que le maître ait grondé,	Que les maîtres aient grondé.
Je priai,	Nous priâmes.
Tu gémissais,	Vous gémissiez.
L'ange écoutait,	Les anges écoutaient.
J'ai vu,	Nous avons vu.
Tu as entendu,	Vous avez entendu.
Le bruit a couru,	Les bruits ont couru.
Je compris,	Nous comprîmes.
Tu saisis,	Vous saisîtes.
Le maître expliqua,	Les maîtres expliquèrent.
Il eût reçu,	Ils eussent reçu.
Je travaillerais,	Nous travaillerions.
Tu comprendrais,	Vous comprendriez.
Cet enfant réussirait,	Ces enfants réussiraient.
L'autre paresserait,	Les autres paresseraient.

SINGULIER	PLURIEL
4. Que j'attendisse,	Que nous attendissions.
Que tu arrivasses,	Que vous arrivassiez.
Qu'il gémît,	Qu'ils gémissent.
Que cet homme perçut,	Que ces hommes perçussent.
Je dessinais,	Nous dessinions.
Tu brodais,	Vous brodiez.
Elle causait,	Elles cousaient.
J'entends,	Nous entendons.
Tu apparais,	Vous apparaissez.
Il répond,	Ils répondent.
Que j'eusse suspendu,	Que nous eussions suspendu.
Que tu eusses écrit,	Que vous eussiez écrit.
Qu'elle eût dessiné,	Qu'elles eussent dessiné.
Le rossignol chantait,	Les rossignols chantaient.
Il accourut,	Ils accoururent.
Le cheval galope,	Les chevaux galopent.
J'appris,	Nous apprîmes.
Tu parlas,	Vous parlâtes.
Que je sortisse,	Que nous sortissions.
Que tu languisses,	Que vous languissiez.

Elle choisira,	Elles choisiront.
Je m'autorisais,	Nous nous autorisions.
Tu te guérissais,	Vous vous guérissiez.
Il tondra,	Ils tondront.

(On doit continner de donner des exercices semblables, jusqu'à ce que l'accord du verbe avec les sujets soit tout à fait connu. Il sera bon de faire rendre compte aux élèves des différents temps des verbes ci-dessus, afin de les familiariser davantage avec les conjugaisons.)

EXERCICES

Pour apprendre à distinguer les Sujets des Compléments ou Régimes des Verbes.

(Dicter les phrases suivantes, faire remarquer aux élèves quelques-uns des sujets et des régimes qui s'y trouvent, rappeler comment on les distingue, puis donner pour devoir de surmonter tous les sujets d'un *s*, tous les verbes d'un *v*, et tous les régimes directs des verbes d'un *r*.)

1. Le soleil éclaire la terre. Les fleurs parent les arbres. La pluie humecte les jardins. Les lièvres craignent les chiens. Les moutons fuient le loup. Le petit oiseau fait son nid. Les laboureurs cultivent leurs champs. Nous aimons la vertu et nous abhorrons le vice. L'éducation développe les facultés intellectuelles. Les bonnes lectures nourrissent l'esprit. L'application sérieuse obtient presque toujours des succès. La paresse attire les punitions. La neige couvre les montagnes. Les chasseurs poursuivent le gibier.

2. Le loup mange les brebis. Le fils imite son père.

La mère caresse son enfant. Le chien défend son maître. Le paysan aime son village. Le soldat charge son fusil. La poudre a fendu ces rochers. Le soleil mûrira la moisson. Le vent menace de renverser les arbres. Les eaux de la rivière inonderont la campagne. Un travail modéré fortifie le corps. Le sommeil répare les forces du corps et ranime l'esprit. Les lectures amusantes égaient plus qu'elles n'instruisent.

3. Je reçois une lettre agréable. Tu aimes les belles images. La Seine traverse la belle ville de Paris. Nous apprenons la grammaire et l'histoire. Demain vous réciterez une fable et un trait historique. Les petits papillons aiment les fleurs. La tempête a soufflé et a agité les branches des arbres. Cet habile peintre a fait un portrait, et il demande à faire le vôtre. Voyez comme ce chat guette les souris. Une grêle affreuse a désolé les campagnes et ravagé les moissons.

4. Vous voyez que la fumée commence à remplir cette chambre. Le cheval est belliqueux de sa nature; on dit qu'il aime la guerre. Les vents sont violents; ils menacent les pauvres matelots. Je crains de recevoir bientôt une nouvelle fâcheuse. Tu aimes, dis-tu, ces belles images; tu les auras, si tu travailles. Cette petite

fille craint les punitions; elle devrait plutôt éviter les défauts qui la déshonorent; elle a pris de mauvaises habitudes qui la rendent digne de punition. J'ai confié mon secret à mon ami, que je regarde comme discret.

5. Cette mère comble sa fille de caresses. Je crains qu'elle ne la gâte. Cette cruelle maladie a ravagé le pays; elle a fait d'innombrables victimes. Les chrétiens fidèles préfèrent la mort au péché qui tue l'âme et la précipite en enfer. Que dites-vous de ceux qui ne redoutent pas cet épouvantable malheur, et qui ne craignent pas de multiplier chaque jour leurs iniquités? Ceux qui nous louent nous trahissent; ceux qui nous font remarquer nos défauts nous rendent service.

6. Je n'ai pas à me féliciter de votre discrétion; je me reproche toujours de vous avoir dit des choses importantes que vous n'avez pas su taire. Mon enfant, tu as grand tort de vouloir que tout le monde te flatte et te dise des paroles de louanges; quand on se rend justice, on se méprise. N'aimez ni la flatterie ni les éloges qui trop souvent nous aveuglent. Le tourbillon qui déracine le rocher enlève aussi le grain de sable. Que l'impie apprenne à redouter la puissance de Dieu.

7. Toi, ma fille, que j'ai vue autrefois si sage, je te

vois aujourd'hui fort dissipée, tu devrais pourtant savoir que la dissipation entraîne les plus fâcheuses conséquences. Je crois que les sciences que tu étudies méritent toute ton attention et tous tes soins; il faut donc que tu t'y appliques sérieusement. Dieu punira les menteurs tôt ou tard. Les ouvrages de Massillon et ceux de Bossuet plaisent à tout le monde, et ils sont lus par une foule de gens instruits.

8. Hélas ! cette pauvre mère ne pensait pas en mourant aux malheurs qui attendaient ses enfants. La faïence tire son nom de Faenza, ville d'Italie. Ces personnes ont des manières naïves. La tristesse s'envole sur les ailes du temps. Voilà deux impies : ne craignez-vous pas de les fréquenter. Les livres qu'ils ont achetés et dont ils se servent vous perdraient comme ils les ont perdus, si comme eux vous les lisiez; il faut donc que vous vous en absteniez. Nous nous flattons, et nous nous méfions des autres.

9. Suivez les traces de vos aïeux. Une douleur aiguë m'accable. Je m'adresserai au marchand qui m'a vendu cette pièce de drap. Je tiens vos cartes, tenez vous-même les miennes, si vous le voulez. Qui avez-vous vu passer? Un courrier qui connaît vos parents, et qui

vous apporte de bonnes nouvelles. Nous nous présenterons à la princesse, et nous la prierons de vous protéger. Dieu, dont nous admirons la bonté, nous accorde les choses nécessaires à la vie.

10. Il nous importe de rendre à Dieu de continuelles actions de grâces, pour les nombreux bienfaits que nous recevons de lui journellement. Cet homme se fait honneur en soulageant la misère de ceux qui souffrent. On m'a assuré qu'on t'a remis quatre ouvrages, je n'en ai reçu que deux. L'affaire que vous leur avez confiée est importante, ils y donneront leurs soins. Cette personne me chérit et me fournit toutes les choses nécessaires ; c'est à elle qu'appartient ma plus vive reconnaissance.

11. L'ambition porta, dit-on, Alexandre à passer en Asie ; il vainquit tous les peuples de l'Orient ; il parvint jusqu'au grand Océan, et il reçut les hommages de tous les souverains. Périclès avait reçu de la nature toutes les qualités qui distinguent les grands hommes ; il les cultiva avec soin, et il obtint les plus grands honneurs. Lisez et apprenez l'histoire ancienne ; elle fait mention de plusieurs grands hommes qui ont aimé leurs concitoyens vertueux, et   mp li les premières charges.

12. Nous devons tous remplir les devoirs que prescrit la religion. Jésus-Christ nous fera rendre compte de toutes nos actions. La conscience que nous avons reçue de Dieu, et dont nous ne pouvons nous défaire est témoin de tout ce que nous disons et de tout ce que nous pensons. Sachons apprécier la science et nous rendre utiles par nos lumières. Celui qui a du goût pour apprendre s'applique sérieusement à l'étude. Nous devons nous instruire des devoirs de la vie pendant que nous sommes sur la terre.

13. Mes explications regardent ceux qui étudient la grammaire. Ces écolières paraissent s'ennuyer de l'étude ; mais un jour elles pourront se repentir d'avoir perdu un temps si précieux. Le poison et l'épée sont funestes, il ne faut pas les employer. Aimez vos devoirs et remplissez-les. L'homme qui travaille et qui secourt les malheureux, est toujours content de son sort. Je les condamnerai à garder la maison, parce qu'ils ont abusé de ma patience et que je dois les punir.

14. Je ressens un grand chagrin de cette mort, qui a enlévé un père à des enfants chéris. Je vous renvoie les livres que vous m'avez prêtés. J'admire cette chaumière et ce château que je vois réunis. Ces règles

de grammaire, qui vous paraissent bien difficiles, sont étudiées et récitées par des enfants qui manquent de mémoire; pourquoi ne pourriez-vous les apprendre? Heureuses les personnes qui ont la conscience pure; leur joie est perpétuelle, leurs plaisirs sont constants. Les biens de cette vie sont passagers; les délices du ciel sont parfaites et éternelles.

EXERCICES

Pour apprendre à distinguer les différentes espèces de Verbes adjectifs.

(Faire surmonter, dans les devoirs suivants, chaque verbe des lettres initiales qui en indiquent l'espèce. On continuera d'indiquer les sujets et les régimes comme dans les exercices précédents.)

1. La foi éclaire nos esprits. L'espérance nous console. La charité répand une douce joie dans nos cœurs, et nous anime à servir Dieu avec fidélité. La modestie plaît à tout le monde. Les orgueilleux sont méprisés. Dieu aime toutes ses créatures et leur fait du bien; mais plusieurs ne répondent pas à ses bontés. Les ingrats seront punis. Cet enfant dort et sa mère veille. Les punitions ne corrigent pas toujours les coupables. Dieu a créé le monde en six jours.

2. Profitons-bien du temps, et employons utile-
ment tous nos moments, car nous en rendrons
compte. Les œuvres de la création nous donnent une
grande idée de la puissance divine. Le soleil brille
avec éclat et nous éclaire pendant le jour. La lune
prête sa lumière aux voyageurs nocturnes. La terre se
couvre de fruits et de fleurs, et nous fournit abondam-
ment toutes les choses nécessaires; mais plusieurs
jouissent des dons de Dieu, sans songer à l'en remercier.

3. Les bienfaits que nous recevons des créatures
excitent toute notre reconnaissance; le souverain
Bienfaiteur et ses dons sont oubliés. Il ne faut pas que
désormais nous nous rendions coupables d'un si grand
crime. Voyez comme cette mère prie pour son fils.
Levez les yeux au ciel : que de merveilles n'y
découvrez-vous pas! Que l'impie apprenne à redouter
la puissance du Dieu qu'il offense. Le tourbillon qui
déracine le rocher, enlève aussi le grain de sable.

4. César venait de subjuguer l'Espagne, quand il
reçut du sénat le titre de dictateur. Il est moins aisé,
mais plus glorieux de triompher de ses passions que de
terrasser l'ennemi. Dieu punira les menteurs tôt ou
tard. Les ouvrages de Massillon et de Bossuet plaisent

à tout le monde, ils sont lus par une foule de gens instruits. Nous nous flattons et nous nous méfions des
autres. Hélas! cette pauvre mère ne pensait pas en
mourant aux malheurs qui attendaient ses enfants.

5. Suivez les traces de nos aïeux. Une douleur
aiguë m'accable. Ces personnes ont des manières
naïves. La tristesse s'envole sur les aîles du temps.
Dieu, dont nous admirons la bonté, nous accorde les
choses nécessaires à la vie; il nous importe de lui
rendre des actions de grâce. Voilà deux impies; ne
craignez-vous pas de les fréquenter. Les livres qu'ils
ont achetés et dont ils se servent, vous perdraient comme
ils les ont perdus, si comme eux vous les lisiez; il faut
donc que vous vous en absteniez.

6. Cet homme se fait honneur en soulageant les
malheurs de ceux qui souffrent. L'ambition pour les
biens terrestres doit être combattue énergiquement.
Celui qui croit savoir beaucoup, et qui se fie à sa prudence, est exposé à tomber dans l'illusion; il faut toujours se méfier de soi-même. Il y a bien de l'impru-
dence à ne pas réfléchir sur toutes les démarches que
l'on fait dans la vie, à ne pas s'efforcer d'expier toutes
les fautes que l'on commet; car il faudra qu'un jour
nous rendions un compte sévère au souverain Juge.

5

7. Gardons-nous de l'esprit de légèreté qui entraîne presque toujours les plus fâcheuses conséquences : ceux qui vivent habituellement dans la dissipation, sont entraînés, presque sans le savoir à commettre bien des fautes. Quand on est tombé dans quelque péché, il faut s'en repentir, sans pourtant se décourager : le regret du cœur attire la miséricorde de Dieu; mais celui qui persévère dans son endurcissement sera puni d'éternels supplices.

8. Il y a bien de l'étourderie à ne pas prévoir l'avenir, et à ne penser qu'à la vie présente, qui passera comme une ombre. Quand nous serons arrivés au terme de la vie, la frayeur nous saisira si nous avons mal vécu et nous serons contraints de nous epentir de toutes les fausses démarches que nous aurons faites. Il arrive tôt ou tard que chacun est tourmenté par les choses mêmes par lesquelles il a péché. Je me suis coupé le doigt en coupant des pommes. Cette femme a été battue par ces méchants hommes qu'elle a rencontrés.

9. Mon frère me succédera dans l'entreprise qu'on nous a confiée. Ce qui me plaît le plus dans une jeune personne, c'est la modestie, cette vertu m'enchante surtout quand on y demeure fidèle, au milieu même

des succès. Gardez-vous des airs prétentieux, que chacun méprise, que vous-même abhorreriez dans les autres. Que sert-il de se mettre en frais pour s'attirer du ridicule? on n'en est pas plus avancé. Je crois que personne ne serait porté à la vanité, s'il faisait attention que tout le monde y trouve à redire, et que nul ne l'approuve. Quiconque d'ailleurs désire aller au ciel doit se rappeler qu'on n'y va que par la simplicité et par l'humilité.

10. Rien ne me touche plus dans la nature que le petit oiseau qui célèbre les louanges de son créateur. A peine l'aurore paraît que l'alouette vigilante a entonné ses joyeux chants. Bientôt mille autres musiciens viennent lui faire concurrence. De toute part résonnent ou les accents de la joie ou les complaintes de la tristesse; et le jour entier s'écoule sans que ces harmonieux concerts soient un instant interrompus. Quand l'astre du jour est descendu sous l'horizon, que la nature est couverte d'un voile sombre, et que les autres oiseaux se livrent à un repos mérité, le rossignol élève la voix et loue Dieu, pour tous les êtres que le sommeil a engourdis.

ANALYSE.

La simplicité me charme; les airs prétentieux me déplaisent. Les gens orgueilleux méprisent les autres; mais eux-mêmes sont méprisés de tout le monde. Il faut que nous ayons confiance : les fautes que nous avons accusées et dont nous nous sommes repentis, nous ont été pardonnées. Soyons reconnaissants à Dieu et rendons-lui gloire : sa bonté s'étend à tout ce qui existe; qu'il soit loué de toutes ses créatures.

La	Art. simp. fém. sing., se rap. à *sim-plicité.*
simplicité	Non com. fém. sing., suj. de *charme.*
me	Pron. pers., 1re pers. sing., rég. dir. de *charme.*
charme ;	V. act. charmer, au prés. de l'ind., 3e pers. sing., 1re conj.
les	Art. simp. masc. plur., se rap. à *airs.*
airs	Non com. masc. plur., suj. de *dé-plaisent.*
prétentieux	Adj. qual., masc. plur., se rap. à *airs.*
me	Pron. pers., 1re pers. sing., rég. dir. de *déplaisent.*
déplaisent.	V. act. déplaire, au présent de l'ind., 3e pers. sing., 4e conj.
Les	Art. simp. masc. plur., se rap. à *gens.*
gens	Nom com. masc. plur., suj. de *mé-prisent.*
orgueuilleux	Adj. qual. masc. plur., se rap. à *gens.*
méprisent	V. act. *mépriser*, au prés. de l'ind., 3e pers. plur., 1re conj.
les autres ;	Pron. ind., masc. plur., rég. de *mé-prisent.*
mais	Conj., mot inv.
eux-	Pron. pers., 3e pers. plur., suj. de *sont méprisés.*
mêmes	Adj. dét., masc. plur., se rap. à *eux.*
sont méprisés	V. passif *être méprisé*, au prés. de l'ind., 3e pers. sing., 1re conj.

de	Prép., mot inv.
tout	Adj. dét., masc. sing., se rap. à *monde*.
le	Art. simp., masc. sing., se rap. à *monde*.
monde.	Nom com., masc. sing., rég. de la prép. *de*.
Il	Pron. imp., masc. sing., suj. de *faut*.
faut	V. imp., *falloir*, au prés. de l'ind., 3e pers. sing., 3e conj.
que	Conj., mot inv.
nous	Pron. pers., 1re pers. plur., suj. de *ayons*.
ayons	V. act. *avoir*, au prés. du subj., 1re pers. plur., 3e conj.
confiance :	Nom com., fém. sing., rég. dir. de *ayons*.
les	Art. simp., fém. plur., se rap. à *fautes*.
fautes	Nom com., fém. plur., suj. de *ont été pardonnées*.
que	Pour *lesquelles fautes*, pron. rel., fém. plur., rég. de *avons accusées*.
nous	Pron. pers., 1re pers., masc. plur., suj. de *avons accusées*.
avons accusées	V. act. *accuser*, au passé ind., 1re pers. plur., 1re conj.
et	Conj., mot inv.
dont	Pour *desquelles fautes*, pron. rel., fém. plur., rég. de la prép. qu'il renferme.
nous	Pron. pers., 1re pers., masc. plur., suj. de *sommes repentis*.
nous	Pron. pers., 1re pers., masc. plur., rég. dir. de *sommes repentis*.
sommes repentis,	V. pron., essentiel se repentir, au passé ind., 1re pers. plur., 2e conj.
nous	Pron. pers., 1re pers. plur., rég. de la prép. qu'il renferme.
ont été pardonnées.	V. passif, *être pardonné*, au passé ind., 3e pers. plur., 1re conj.

Soyons	V. subst. *être*, à l'impérat., 1re pers. plur.
reconnaissants	Adj. qual., masc. plur., se rap. à *nous*, sous-entendu.
à	Prép., mot inv.
Dieu	Nom prop., masc. sing., rég. de la prép. *à*.
et	Conj., mot inv.
rendons-	V. act. *rendre*, à l'impérat., 1re pers. plur., 4e conj.
lui	Pron. pers., 3e pers., masc. sing., rég. de la prép. qu'il renferme.
gloire :	Nom com., fém. sing., rég. dir. de *rendons*.
sa	Adj. poss., fém. sing., se rap. à *bonté*.
bonté	Nom com., fém. sing., suj. de s'étend.
s'	Pour *se*, pron. pers., 3e pers., fém. sing., rég. dir. de *étend*.
étend	V. pron., accid. *s'étendre*, au prés. de l'ind., 3e pers. sing., 4e conj.
à	Prép., mot inv.
tout	Adj. déterm., masc. sing., se rap. à *ce*.
ce	Pron. dém., masc. sing., rég. de la prép. *à*.
qui	Pron. relat., masc. sing., suj. de *existe*.
existe ;	V. n. exister, au prés. de l'ind., 3e pers. sing., 1re conj.
qu'	Pour *que*, conj., mot inv.
il	Pron. pers., 3e pers., masc. sing., suj. de *soit loué*.
soit loué	V. pass., *être loué*, au prés. de l'ind., 3e pers. sing., 1re conj.
de	Prép., mot inv.
toutes	Adj. dét., fém. plur., se rap. à *créatures*.
ses	Adj. poss., fém. plur., se rap. à *créatures*.
créatures.	Non com., fém. plur., rég. de la prép. *de*.

MODÈLES

De Compositions.

1° QUESTIONS. — Combien y a-t-il de sortes de noms? — 2. Pourquoi *du, des, au, aux* sont-ils appelés articles composés? — 3. Quelle est la fonction de l'adjectif? — 4. Combien y a-t-il de sortes de pronoms? — 5. Quel est le moyen mécanique de reconnaître le sujet du verbe? — 6. Quels sont les pronoms qui sont toujours régimes directs?

2° EXERCICES. — 1. (Faire mettre le singulier des noms suivants sur une colonne, et le pluriel sur l'autre. De plus faire ajouter l'article qui convient avant chaque nom.)

Nuage, tempête, choix, chaussure, repas, vœu, pantoufle, croc, ormeau, brebis, os, crucifix, caillou, souris, confessionnal, jeu, carnaval, ciel, voyelle, bétail, refus, peau, bras, lèvre, eau, cheveu, montagne, vallon, chapelle, propos, bercail, métal, taillis, barreau, aïeul, chou, feu, licou, nez, sabot, voix, rossignol, bal, caveau, adieu, bas, noix, faux, rat, réponse, pas, lit, lis.

2. (Faire distinguer, dans la dictée suivante, les sujets, les régimes et les différentes sortes de verbes adjectifs.)

Un musicien des plus excellents, qui jouait parfaitement du luth devint si extrêmement sourd qu'il ne lui resta plus aucun usage de l'ouïe; néanmoins il ne laissa pas pour cela de chanter et de manier son luth à merveille, à raison de la grande habitude qu'il en avait. Cependant il n'en ressentait ni plaisir ni jouissance, et né chantait que pour contenter un prince qui l'avait comblé de bienfaits. Mais il arrivait parfois que le prince pour éprouver son dévoué musicien, lui commandait de jouer de son luth ; et soudain le laissant là, s'en allait à la chasse ou ailleurs ; et le chanteur, pour plaire à son maître, n'en continuait pas moins son chant mélodieux comme si le prince eût été près de lui. L'enfant vertueux ne fait pas seulement son devoir soûs l'œil de son maître ; mais alors même que ce maître ne le voit pas, se rappelant une autre présence, celle de Dieu, il s'efforce de bien faire.

3. (Faire prendre en simple dictée les phrases suivantes.)

Cet homme, dont vous admirez les riches appartements, a fait sa fortune dans un pays fort éloigné ; il allait à la pêche des perles, et hier il nous a montré des colliers des plus beaux coraux. Les coucous sont des oiseaux dont les chants n'ont rien d'agréable. Quelquefois on trouve des vers dans les yeux du fromage. Vos jours ont été menacés durant les fatals instants qui viennent de s'écouler. Quiconque ne s'adonne point au travail dès sa jeunesse, ne se prépare point un heureux avenir. Toute personne qui se montre discrète, inspire de la confiance ; on fuit celle qu'on sait indiscrète. La philosophie payenne a érigé en vertu certains vices grossiers. Une estime mutelle est le fondement d'une longue amitié.

4. (Faire conjuguer la 2e pers. sing. du prés. de l'ind. des verbes.)

Apporter, travailler, noircir, guérir, apercevoir, répondre, attendre ;

Et la 1re pers. plur. de l'imp. du subj. des verbes.

Diviser, brûler, adoucir, languir, répandre, fondre, entendre.

QUESTIONS

Sur les remarques particulières des quatre Conjugaisons et sur la formation des Temps.

PREMIÈRE CONJUGAISON.

1. Qu'y a-t-il à remarquer pour les verbes terminés en *ger*? — 162.

2. Qu'y a-t-il à remarquer pour ceux qui sont terminés par *cer*? — 163.

3. Qu'y a-t-il à remarquer pour ceux qui ont un *e* fermé ou un *e* muet à l'avant dernière syllabe de l'infinitif? — 164.

4. Qu'elle est l'exception à cette règle? — 165.

5. Qu'y a-t-il de particulier pour les verbes terminés à l'infinitif par *eler* ou *eter*? — 165.

6. Quels sont les verbes en *eler* ou *eter* que l'usage autorise à écrire avec un *l* ou un *t* devant l'*e* muet?

R. Ce sont les six verbes *acheter*, *bourreler*, *geler*, *harceler*, *peler*, *décoleter*.

7. Qu'y a-t-il de particulier pour les verbes en *ier*, *yer*, *éer*? — 167.

DU RADICAL.

8. Qu'entend-on par radical? — 168.

9. A quelle observation ce principe général donne-t-il lieu? — 169.

10. Comment s'explique la présence de deux *e* de suite dans quelques temps des verbes en *éer*? — 170.

11. Qu'y a-t-il de particulier pour les verbes en *yer*, *oyer*, *uyer*, et en général pour tous ceux dont le participe présent est en *yant*? — 171.

12. A quelles observations cette règle donne-t-elle lieu? — 172.

SECONDE CONJUGAISON.

13. Qu'y a-t-il à remarquer pour les verbes *haïr* et *tressaillir*? — 173.

5*

14. Quel est le moyen de ne pas confondre les verbes en *ir* de la seconde conjugaison avec les verbes en *ire* de la quatrième? — 174.

TROISIÈME CONJUGAISON.

15. Quels sont les verbes de la troisième conjugaison qui se conjuguent régulièrement? — 175.

16. Qu'y a-t-il à remarquer sur les trois verbes *devoir*, *redevoir* et *mouvoir*? — 176.

17. Quels sont, parmi les verbes dont le son final est *oir*, ceux qui ne sont point de la troisième conjugaison? — 177.

QUATRIÈME CONJUGAISON.

18. Quels sont les verbes de la quatrième conjugaison qui perdent le *d* au singulier du présent de l'indicatif? — 178.

19. Quelle différente orthographe prennent les verbes en *indre*? — 179.

20. Combien avons-nous de verbes terminés en *andre*? — 180.

21. Qu'y a-t-il à remarquer sur les verbes dissoudre et absoudre? — 181.

VERBES CONJUGUÉS SOUS LA FORME INTERROGATIVE.

22. En quoi les verbes conjugués sous la forme interrogative diffèrent-ils des autres verbes?

23. Quels sont les temps qui peuvent se conjuguer interrogativement?

Ce sont les temps de l'indicatif et du conditionnel.

24. Qu'y a-t-il à remarquer lorsque la 1re personne se termine par un *e* muet? —182-2º.

25. Qu'y a-t-il à remarquer lorsque la 1re personne produit un son désagréable? — 182-3º.

26. Qu'y a-t-il à remarquer lorsque le verbe, à la 3e personne du singulier se termine par une voyelle? —182-4º.

(Faire apprendre la note qui traite de la lettre euphonique.)

27. Que doit-on mettre entre le verbe et le pronom qui en est sujet? — 182-5º.

28. Qu'y a-t-il de particulier sur les verbes *avoir* et *devoir* employés sous la forme interrogative ? — 182-6°.

FORMATION DES TEMPS.

29. Comment se divisent les temps d'un verbe ? — 184.

30. Qu'est-ce que les temps primitifs ? — 184 *bis*.

31. Qu'est-ce que les temps dérivés ? — 185.

32. Combien de temps forme l'infinitif ? — 185 *bis*.

33. Combien de temps forme le participe présent ? — 186.

34. Combien de temps forme le participe passé ? — 186 *bis*.

35. Qu'y a-t-il à remarquer pour la 2e personne du singulier de l'impératif ? — 187.

36. Quels temps forme le passé défini ? — 188.

37. Qu'appelle-t-on verbes irréguliers ? — 189.

38. Qu'appelle-t-on verbes défectifs ? — 189 *bis*.

39. Qu'arrive-t-il lorsqu'un temps primitif manque ? — 190.

EXERCICES

Sur les Verbes de la première Conjugaison.

1° (Faire repasser le verbe *aimer*, faire apprendre parfaitement les observations qui suivent ce premier modèle de conjugaison ; expliquer ces observations et s'assurer par des questions qu'elles sont comprises ; puis donner les devoirs suivants. — Il faudra, tant pour cette conjugaison, que pour les suivantes, faire conjuguer chaque jour de vive voix, par les élèves, au moins un verbe entier, jusqu'à ce qu'elles soient tout-à-fait familiarisées avec les différentes conjugaisons.)

1. Conjuguer le présent de l'indicatif des verbes :
Pousser, changer, forcer, juger, percer, former.

2. Conjuguer l'imparfait de l'indicatif des verbes :
Jouer, peler, songer, lancer, voyager, ensemencer.

3. Le passé défini des verbes :
Manger, céder, renoncer, partager, suer, glacer.

4. Le futur des verbes :
Cacher, mener, appeler, jeter, lier, nager.

5. Le conditionnel présent des verbes :
Acheter, niveler, espérer, peser, noyer, crier.

6. Le présent du subjonctif des verbes :
Chanceler, céder, feuilleter, lever, déployer, essayer.

7. L'imparfait du subjonctif des verbes :
Nier, corriger, ployer, menacer, ramener, ronger.

8. Le présent de l'indicatif et le présent du subjonctif des verbes :
Lever, protéger, cacheter, épeler, effrayer, aboyer.

9. L'imparfait de l'indicatif et l'imparfait du subjonctif des verbes :
Changer, balancer, déployer, supplier, rejeter, appuyer, dédier, broyer, célébrer.

10. Le passé défini et l'imparfait du subjonctif des verbes :
Ménager, manier, ployer, créer, crocheter, atteler, pincer, varier, parier.

(Dicter les phrases suivantes, et faire rendre compte des règles qui s'y trouvent.)

1. Ne rejetez sur personne les torts que vous avez eus. Traçons les bienfaits sur l'airain. Si nous croyions à une vie future, nous vivrions plus sagement. Souvent la gloire s'achète au prix du bonheur. Le bonheur chancelle lorsqu'il ne s'appuie que sur la fortune. Les nuages s'amoncelèrent sur nos têtes. Le ciel serait injuste s'il exauçait tous nos vœux. Si nous sacrifiions nos ressentiments, nous serions plus heureux. La mer empiète de jour en jour sur une partie de la terre. Lorsque nous nous rencontrâmes, nous côtoyions cette île depuis deux jours, et nous essayions vainement d'y trouver un point où nous pussions aborder.

2. Nous pardonnons difficilement à ceux qui nous ennuient. Le travail vient à bout de tout et supplée à tout. Vous essayerez *ou* essaierez de tous les plaisirs, et vous verrez que le plus durable est une occupation qui plaise. Vous vous récréerez plus par la vue d'un malheureux que vous aurez obligé, que vous ne vous amuseriez par la vue des meubles somptueux que vous pourriez acheter. Chaque libertin possède des compagnons de débauche; mais aucun ne connaît les vrais

amis. Si vous étudiiez avec ardeur, vous surmonteriez bien des difficultés. Les passions harcèlent la jeunesse; l'ambition inquiète l'âge mûr; les infirmités assaillent la vieillesse qui regrette de n'avoir joui de rien.

3. Après le déluge, la terre se renouvelle; et le monde sort encore une fois des eaux. Songeais-tu, Jésabel, au sort qui t'attendait? Le Seigneur se révèle aux yeux de l'homme droit. Ce qui s'apprend au berceau ne s'oublie jamais. Le premier prince qui s'établit à Troie, s'appelait Teucer. O homme! tu affrontes les éléments et tu les asservis; tu ne connaissais qu'un monde; tu soupçonnas qu'il en était un autre; tu l'allas chercher et tu le trouvas. L'œil qui pénètre dans nos cœurs, connaît nos plus secrètes pensées. J'ai songé, dit Joseph à ses frères, que vous liiez des gerbes avec moi.

4. Ceux qui ne croient pas à l'existence de Dieu, s'appellent athées. Le front de l'homme est comme un théâtre où l'âme se déploie. Dieu rejette la prière orgueilleuse du pharisien; et il agrée celle de l'humble publicain. Les remords bourrelleraient toujours les coupables, s'ils ne faisaient pénitence. Racine excellait à faire des tragédies. La vie s'abrége par les violences, les excès et la maladie. Libertins, sachez que vous expierez par de longs regrets vos criminels et frivoles plaisirs. J'étudie mes leçons. Travaille et tu seras heureux. Vieillards, nous admirons les ouvrages que nous décriions pendant notre jeunesse. Nous prolongeons notre existence, en ménageant bien tous nos moments.

EXERCICES

Sur la deuxième Conjugaison.

1º (Faire repasser le verbe *Finir*, et faire apprendre les remarques sur les verbes de la deuxième conjugaison; puis donner les exercices suivants.)

1. Conjuguer le présent et l'imparfait de l'indicatif; le passé défini et le passé indéfini, le futur et le conditionnel présent du verbe punir.

2. Conjuguer l'impératif et tous les temps du subjonctif du verbe avertir.

3. Conjuguer le passé défini, le plus-que-parfait de l'indicatif, le conditionnel passé et le plus-que-parfait du subjonctif du verbe guérir.

4. Conjuguer le verbe haïr jusqu'au conditionnel exclusivement.

5. Conjuguer la fin du verbe haïr.

2° (Dicter les phrases suivantes.)

J'ai toujours haï, je hais encore, et je haïrai en tout temps, je l'espère, la dissimulation et le mensonge. Hais toute ta vie la vanité, les parures recherchées qui révèlent une âme basse et un petit esprit. Tu haïras le péché quand il faudra mourir ; pourquoi ne le hais-tu pas maintenant ? pourquoi ne pas le haïr toute ta vie? Si nous avions des sentiments chrétiens, nous haïrions le péché, mais nous ne haïrions pas le pécheur. Je hais ceux qui n'aiment qu'eux-mêmes. Tu recueilleras dans ta vieillesse les fruits de ta bonne conduite. Ce forçat tressaillira d'espérance à l'annonce que ses fers pourraient être brisés. Néron répétait souvent cette maxime : Qui hait les vices hait les hommes.

EXERCICES

Sur la troisième et la quatrième Conjugaison.

(Après avoir fait repasser les verbes *recevoir* et *rendre*, on donnera les exercices suivants.)

1. Conjuguer le présent et l'imparfait de l'indicatif, le passé défini, le futur, l'impératif, et le présent du subjonctif du verbe devoir.

2. Conjuguer le passé défini, le plus-que-parfait de l'indicatif, le conditionnel présent, l'imparfait et le passé du subjonctif du verbe apercevoir.

3. Conjuguer le passé défini, le passé antérieur, l'impératif, le présent et l'imparfait du subjonctif des verbes redevoir, attendre, peindre.

4. Conjuguer le présent de l'indicatif, le conditionnel présent et l'imparfait du subjonctif des verbes **contraindre** et **résoudre.**

5. Conjuguer le présent et l'imparfait de l'indicatif, le passé défini, les deux futurs et l'impératif des verbes **vendre et craindre.**

6. Conjuguer tous les temps de l'indic. et du condit. des verbes **percevoir et feindre.**

7. Conjuguer l'impératif et tous les temps du subjonctif et de l'infinitif des mêmes verbes.

EXERCICES

Sur les Verbes conjugués interrogativement.

(Faire apprendre le verbe modèle qui se trouve dans la grammaire, après quoi donner les verbes suivants à conjuguer interrogativement.)

Conjuguer ainsi qu'on vient de le dire les verbes **apporter, guérir, percevoir, apprendre.**

EXERCICES

Sur la formation des Temps.

(Faire apprendre parfaitement la formation des temps, puis donner les verbes suivants à conjuguer de la même manière que le modèle ci-dessous, ayant bien soin de faire distinguer le radical de la terminaison.)

Conjuguer les quatre verbes **demander, embellir, redevoir, suspendre.**

VERBE *Demander.*

INDICATIF PRÉSENT.

Temps primitif à ses trois personnes du singulier.
Je demande.
Tu demandes.
Il *ou* elle demande.

Temps dérivé aux trois personnes du pluriel qui se forment du participe présent par le changement de *ant* en *ons, ez, ent.*
Nous demand-ons.
Vous demand-ez.
Ils *ou* elles demand-ent.

IMPARFAIT.

Temps dérivé formé du par-

ticipe présent par le changement de *ant* en *ais, ais, ait,
ions, iez, aient.*

Je demand-ais.
Tu demand-ais.
Il *ou* elle demand-ait.
Nous demand-ions.
Vous demand-iez.
Ils *ou* elles demand-aient.

PASSÉ DÉFINI.

Temps primitif.
Je demandai.
Tu demandas.
Il *ou* elle demanda.
Nous demandâmes.
Vous demandâtes.
Ils *ou* elles demandèrent.

PASSÉ INDÉFINI.

Temps dérivé, formé comme
tous les temps composés du
participe passé, à l'aide de
l'auxiliaire *avoir.*

J'ai, tu as, il *ou* elle a
demandé.
Nous avons, vous avez,
ils *ou* elles ont demandé.

PASSÉ ANTÉRIEUR.

Temps dérivé.
J'eus, tu eus, il *ou* elle
eut demandé.
Nous eûmes, vous eûtes,
ils *ou* elles eurent demandé.

PLUS-QUE-PARFAIT.

Temps dérivé.
J'avais, tu avais, il *ou*
elle avait demandé.
Nous avions, vous aviez,
ils *ou* elles avaient demandé.

FUTUR.

Temps dérivé, formé du pré-
sent de l'infinitif par le chan-
gement de *r* en *rai, ras, ra,
rons, rez, ront.*
Je demand-erai.
Tu demand-eras.
Il *ou* elle demand-era.
Nous demand-erons.
Vous demand-erez.
Ils *ou* elles demand-eront.

FUTUR PASSÉ.

Temps dérivé.
J'aurai, tu auras, il *ou*
elle aura demandé.
Nous aurons, vous au-
rez, ils *ou* elles auront demandé.

CONDITIONNEL PRÉSENT.

Temps dérivé, formé du présent de l'infinitif par le change
ment de *r* en *rais, rais, rait,
rions, riez, raient.*

Je demand-erais.
Tu demand-erais.
Il *ou* elle demand-erait.
Nous demand-erions.
Vous demand-eriez.
Ils *ou* elles demand-eraient.

CONDITIONNEL PASSÉ.

Temps dérivé.
J'aurais, tu aurais, il *ou*
elle aurait demandé.
Nous aurions, vous au-
riez, ils *ou* elles auraient
demandé.

On dit aussi.

Temps dérivé.
J'eusse, tu eusses, il *ou*
elle eût demandé.

Nous eussions, vous eussiez, ils *ou* elles eussent demandé.

IMPÉRATIF.

Temps dérivé, formé du présent de l'indicatif par la suppression des pronoms sujets *je, nous, vous.*

Demande.
Demandons.
Demandez.

SUBJONCTIF PRÉSENT OU FUTUR.

Temps dérivé, formé du participe présent par le changement de *ant* en *e, es, e, ions, iez, ent.*

Que je demand-e.
Que tu demand-es.
Qu'il demand-e.
Que nous demand-ions.
Que vous demand-iez.
Qu'ils demand-ent.

IMPARFAIT.

Temps dérivé, formé du passé défini par le changement de *ai, as, a, âmes, âtes, èrent* en *asse, asses, ât, assions, assiez, assent.*

Que je demand-asse.
Que tu demand-asses.
Qu'il demand-ât.
Que nous demand-assions.
Que vous demand-assiez.
Qu'ils demand-assent.

PASSÉ.

Temps dérivé.

Que j'aie, que tu aies, qu'il *ou* qu'elle ait demandé.

Que nous ayons, que vous ayez, qu'ils *ou* qu'elles aient demandé.

PLUS-QUE-PARFAIT.

Temps dérivé.

Que j'eusse, que tu eusses, qu'il ou qu'elle eût demandé.

Que nous eussions, que vous eussiez, qu'ils *ou* qu'elles eussent demandé.

INFINITIF PRÉSENT.

Temps primitif.
Demander.

PASSÉ.

Temps dérivé.
Avoir demandé.

PARTICIPE PRÉSENT.

Temps primitif.
Demandant.

PARTICIPE PASSÉ.

Temps dérivé.
Demandé, demandée.
Ayant demandé.

(On continuera de faire les élèves conjuguer de cette manière jusqu'à ce qu'elles soient bien familiarisées avec la formation des temps. Et plus tard même, on reviendra de temps en temps à cet exercice lorsque l'on donnera des verbes à faire.)

EXERCICES

Sur les Verbes irréguliers des quatre Conjugaisons.

1º (Faire apprendre le tableau des verbes irréguliers, depuis la page 60 jusqu'à la page 71; faire conjuguer de vive voix plusieurs temps de ces verbes, spécialement les temps irréguliers, faisant bien observer d'où provient l'irrégularité, puis donner les exercices qui suivent.)

1. Conjuguer le présent et l'imparfait de l'indicatif, le passé défini, le futur, le conditionnel présent, le présent et l'imparfait du subjonctif des verbes :
envoyer, accourir, boire, paraître, naître, taire.

2. Conjuguer tous les temps de l'indic. et du cond. des verbes mourir, savoir, aller.

3. Conjuguer l'impératif et tous les temps du subj. des verbes prédire, tenir, mouvoir, prévaloir.

4. Conjuguer tous les temps de l'ind. et du cond. des verbes médire, suspendre et teindre.

5. Conjuguer l'impér. et tous les temps du subjonctif des verbes convaincre, tressaillir, avoir, devoir et envoyer.

2º (Dicter les phrases suivantes, faisant les élèves rendre compte des règles sur les verbes, et surtout sur les verbes irréguliers.)

1. Telle personne paraît aujourd'hui jouir d'une bonne santé, et qui mourra peut-être demain et descendra dans la tombe. Ceux qui acquièrent une trop prompte fortune, déchoient souvent dans l'opinion publique, et perdent ainsi plus qu'ils ne gagnent. Ne *contrefaisez* (contrefaites) jamais, ne dédisez, n'injuriez personne; vous vous décrieriez en le faisant, et vous vous feriez tort à vous-même. La chaleur durcit le sel; l'humidité le dissout. Celui qui ne craint que Dieu, s'élève par là au-dessus de toute crainte qui procède des hommes. Le luxe appauvrit souvent le pauvre et humilie le riche; il amollit et corrompt ceux qui s'y laissent aller; il faut donc que nous le fuyions avec soin.

2. Ah! mon bienfaiteur, tant que je vivrai vous recevrez mes hommages, et ma reconnaissance ne finira

qu'avec ma vie. Celui qui *déchoira* (décherra) de sa première ferveur vivra dans des troubles bien amers, et mourra dans les plus vives inquiétudes. Toute jeune personne qui néglige de travailler à se corriger de ses défauts, laisse à penser qu'elle parcourra une bien triste carrière : elle n'emploiera jamais bien son temps ; elle n'évitera pas avec assez de soin tout ce qui pourrait être un écueil pour elle ; elle ne renverra ou ne repoussera pas assez vite les tentations qu'elle éprouvera ; elle s'assiéra *ou* s'asseyera sans crainte dans des sociétés dangereuses ; elle mourra peut-être impénitente. Il faudra que tu moules le café que je t'achèterai. Le cocotier loge, vêt, nourrit et abreuve les habitants de l'Asie. Le prêtre absout le pécheur au nom de Dieu. Il est incertain que les richesses que l'homme injuste acquiert le dédommagent de la haine qu'il encourt.

3. La société des méchants se dissout facilement. Il est difficile que nous acquérions de grandes richesses sans commettre de grandes injustices. Alexandre, avec une poignée d'hommes, conquiert une partie du globe. Ne maudites point votre prochain, de crainte que vous ne soyez maudits de Dieu. Quand on s'assied sur un trône, on a bien l'air de l'usurper. Que sert à l'homme de gagner l'univers s'il vient à perdre son âme. Le luxe amollit et corrompt les âmes. On extrait l'opium des pavots blancs des jardins. Tu sais vaincre, dit Annibal à un de ses généraux, mais tu ne sais pas profiter de la victoire. Par quel ordre, ô soleil, viens-tu du sein de l'onde, nous rendre les rayons de ta clarté féconde. Les ressorts qui *mouvent* (meuvent) cette machine ont besoin d'être réparés. Vous le contredisez toujours, lui qui n'aime pas les contradictions.

4. On jouit paisiblement du bien qu'on acquiert sans reproches. Les hommes qui entreprennent beaucoup de choses, ne viennent à bout que d'un petit nombre. Faites en sorte de n'être pas obligés de dire : Je vaux moins que je ne valais. Confis tes fruits dans le sucre. Ne confie tes secrets qu'à un ami discret. Vous nous *prédites* (prédisez) toujours des événements funestes. Il est rare

que les hommes *valent* (vaillent) leur réputation. Avec
de la bonté, vous acquerrez et conserverez des amis.
Le repentir est la seule chose qui nous absolve aux yeux
de Dieu. Vous courez à votre perte en agissant ainsi.
Il suffit que nous le *veuillions* (voulions) pour réussir
dans bien des choses. Je m'assiérai *ou* je m'asseyerai
sous cet ombrage pour respirer le frais.

5. Votre ami décherra dans l'estime des honnêtes
gens. Vos meilleurs amis cesseront de vous aimer, car
vous médisez toujours d'eux et les contrefaites sans
cesse. J'étais heureux quand je m'asseyais au milieu de
mes enfants. Efforçons-nous de sortir de ces déserts,
ou résolvons-nous à n'en sortir jamais. Mets la main sur
ta conscience et tu te tairas sur les fautes d'autrui.
Mon enfant, tu perds ton temps à jouer. Ma fille, mets
ton bonheur à prier Dieu; et fais-le souvent, je t'en
supplie. J'acquiers les biens que tu devrais acquérir ;
quand donc les acquerras-tu toi-même? Combats à mes
côtés, mon fils; suis mon exemple, et dévoue-toi pour
ton pays. Je confis des prunes; ta sœur en confit aussi;
confis des pêches et nous en mangerons. Ton frère se
tut dès que je lui imposai silence.

6. Il faut que j'aille où mon devoir m'appelle. Quoi?
vous mourez innocent, disait un des disciples de Socrate à ce philosophe. Vous voudriez donc, répondit
Socrate, que je mourusse coupable. On nous a annoncé
qu'il pleuvra aujourd'hui. Pourvois aux besoins des
pauvres, toi à qui le ciel a départi de la fortune. J'a-
vais un logement commode, je veux essayer de le ra-
voir. Sera-t-il dit qu'il faille aller chercher si loin un
enfant si ingrat. Ces fleurs éclosent chaque matin au
lever du soleil. Acquérez la vertu sans laquelle tous les
talents sont inutiles. Quel est l'homme qui soit sûr
qu'il vivra jusqu'au soir? Ne fais pas à autrui ce que tu
ne voudrais pas que l'on te fît. Vas-tu, mon ami, t'ap-
pliquer aujourd'hui à apprendre la leçon qui t'a été
donnée? Soleil, je viens te voir pour la dernière fois;
bois solitaire, je ne parcourrai plus tes sombres bosquets ; je ne m'assiérai *ou* m'asseyerai plus sous

tes frais ombrages; je m'envais vers des régions inconnues; et l'œil qui me voit aujourd'hui me cherchera vainement demain. Hâtons-nous, le temps fuit et nous entraîne avec lui.

7. Les plus grands talents, qui sont de grands dons du ciel, valent moins que les qualités du cœur. Pourvois aux besoins des malheureux et tu seras béni de Dieu. Pense à ce que tu dis, et ne permets pas à ta langue de courir au-devant de ta pensée. Les ignorants croient tout voir, et ils n'aperçoivent rien; ils meurent n'ayant rien vu. C'est en méditant sur ce qu'on lit qu'on acquiert de nouvelles connaissances. La paresse est un vice qui consiste à fuir toute peine, à ne pas remplir son devoir. Le paresseux est l'ennemi de la société; il en est l'opprobre; car celui qui ne fait rien pour les autres ne doit en attendre que du mépris. Je connais plusieurs personnes qui louent sans estimer, qui décident sans connaître, qui contredisent sans avoir d'opinion, qui parlent sans penser, qui s'occupent sans rien faire.

RÉCAPITULATION

Sur les Conjugaisons.

(Faire rapporter au singulier et au pluriel les phrases suivantes.)

SINGULIER.	PLURIEL.
1. Ce beau discours plaît, touche et convainc. L'homme naît, vit et meurt. Le singe imite et contrefait. Le bail s'accomplit, se renouvelle et se résilie. L'exercice modéré refait et affermit la santé. Le pécheur se repent, se corrige et se convertit. L'arbre	Ces beaux discours plaisent, touchent et convainquent. Les hommes naissent, vivent et meurent. Les singes imitent et contrefont. Les baux s'accomplissent, se renouvellent et se résilient. Les exercices modérés refont et affermissent la santé. Les pé-

SINGULIER.	PLURIEL.

croît, végète et pourrit. L'ignorant croit facilement et induit souvent les autres en erreur.

cheurs se repentent, se corrigent et se convertissent. Les arbres croissent, végètent et pourrissent. Les ignorants croient facilement et induisent souvent les autres en erreur.

2. Le roseau flexible plie et ne rompt jamais. Le fruit mûrit, se cueille, se durcit et se conserve. Le boulanger sasse, pétrit et cuit son pain. L'empressé va, vient, revient, fuit et disparaît. L'écolière attentive apprend, comprend et obéit. Le chrétien croit, se soumet et s'abstient du péché. L'arithméticien additionne, soustrait, multiplie et divise. Le sage prévoit et prévient le mal.

Les roseaux flexibles plient et ne rompent jamais. Les fruits murissent, se cueillent, se durcissent et se conservent. Les boulangers sassent, pétrissent et cuisent leur pain. Les empressés vont, viennent, reviennent, fuient et disparaissent. Les écolières attentives apprennent, comprennent et obéissent. Les chrétiens croient, se soumettent et s'abstiennent du péché. Les arithméticiens additionnent, soustraient, multiplient et divisent. Les sages prévoient et préviennent le mal.

3. Je nettoyais, tandis que tu balayais. Je broyais les couleurs pendant que tu les délayais. Tu me calomniais quand je te justifiais. Je m'asseyais comme tu te levais. Il faut que je prie Dieu, que je renvoie les méchants, et que je me lie avec les bons. Est-il possible que je croie ce qu'on me dit, que j'oublie

3. Nous nettoyions, tandis que vous balayiez. Nous broyions les couleurs pendant que vous les délayiez. Vous me calomniiez quand nous vous justifiions. Nous nous asseyions comme vous vous leviez. Il faut que nous priions Dieu, que nous renvoyions les méchants, et que nous nous liions avec les bons.

SINGULIER.	PLURIEL.
cette injure, que je pourvoie à tous tes besoins, que je voie les malheureux avec indifférence, que je m'enfuie comme un lâche.	Est-il possible que nous croyions ce qu'on nous dit, que nous oubliions cette injure, que nous pourvoyions à tous vos besoins, que nous voyions les malheureux avec indifférence, que nous nous enfuyions comme des lâches.
4. Le sot n'entre, ni ne sort, ni ne s'assied, ni ne se lève, ni ne se tait comme l'homme d'esprit. Le sage se guérit de l'ambition par l'ambition même; il tend à de si grandes choses, qu'il ne peut se borner aux biens terrestres. L'homme consciencieux se paie lui-même de l'application qu'il met à son devoir, par le plaisir qu'il sent à le faire. Le courtisan affecte le caractère le plus conforme aux vues qu'il a, et paraît tel qu'il croit que son intérêt l'exige.	4. Les sots n'entrent, ni ne sortent, ni ne s'asseyent, ni ne se lèvent, ni ne se taisent comme les hommes d'esprit. Les sages se guérissent de l'ambition par l'ambition même; ils tendent à de si grandes choses, qu'ils ne peuvent se borner aux biens terrestres. Les hommes consciencieux se paient eux-mêmes de l'application qu'ils mettent à leur devoir, par le plaisir qu'ils sentent à le faire. Les courtisans affectent le caractère le plus conforme aux vues qu'ils ont, et paraissent tels qu'ils croient que leur intérêt l'exige.
5. Il faut que j'emploie bien mon temps aujourd'hui, que je sorte du lit à six heures; que je travaille jusqu'à huit; que j'aille au jardin une demi-heure, qu'après le déjeû-	5. Il faut que nous employions bien notre temps aujourd'hui, que nous sortions du lit à six heures, que nous travaillions jusqu'à huit, que nous allions au jardin une demi-heure,

SINGULIER.

ner je fasse mes devoirs; que je lise dans l'après-dînée, que je fasse des extraits, que je dessine, que j'étudie l'histoire de France. Il faudrait que j'employasse bien mon temps aujourd'hui, que je sortisse du lit à six heures, que je travaillasse jusqu'à huit, que j'allasse au jardin une demi-heure, qu'après le déjeûner je fisse mes devoirs, que je lusse dans l'après-dînée, que je fisse des extraits, que je dessinasse, que j'étudiasse l'Histoire de France.

6. Pauvre oiseau, tu viens près de moi, et tu cherches un abri; entre, j'aurai soin de toi, je t'aimerai car tu t'es fié à moi. Sois le bien-venu, pauvre petit délaissé, je te réchaufferai, je te ferai revenir à la vie. Comme tu es haletant! ne crains pas que je te condamne à une longue captivité! non, voltige librement autour de moi; pose-toi sur une corde de cette lyre et chante les accords du doux

PLURIEL.

qu'après le déjeûner nous fassions nos devoirs, que nous lisions dans l'après-dînée, que nous fassions des extraits, que nous dessinions, que nous étudiions l'Histoire de France. Il faudrait que nous employassions bien notre temps aujourd'hui, que nous sortissions du lit à six heures, que nous travaillassions jusqu'à huit, que nous allassions au jardin une demi-heure, qu'après le déjeûner nous fissions nos devoirs, que nous lussions dans l'après-dînée, que nous fissions des extraits, que nous dessinassions, que nous étudiassions l'Histoire de France.

6. Pauvres oiseaux, vous venez près de nous, et vous cherchez un abri; entrez, nous aurons soin de vous, nous vous aimerons car vous vous êtes fiés à nous. Soyez les bien-venus, pauvres petits délaissés, nous vous réchaufferons, nous vous ferons revenir à la vie. Comme vous êtes haletants! ne craignez pas que nous vous condamnions à une longue captivité! non, voltigez librement autour de nous;

SINGULIER.	PLURIEL.
printemps. Ah! je reconnais tes chants joyeux de l'été. Tu réveilles mes souvenirs, tu adoucis mes regrets.	posez-vous sur une corde de cette lyre, et chantez les accords du doux printemps. Ah! nous reconnaissons vos chants joyeux de l'été. Vous réveillez nos souvenirs, vous adoucissez nos regrets.
7. Oh! prolonge encore mon rêve! ranime par tes doux chants ces riantes images, quoique je les distingue à peine au travers de mes larmes. Gentil oiseau! tu as deviné que j'étais seul et malheureux et tu es venu égayer ma solitude. Tu partageras mon repas solitaire, tu dormiras en paix; ne crains pas l'oiseau de proie. Heureux oiseau, sans souci et sans prévoyance, tu ne redoutes pas la journée de demain, tu n'entends pas souffler le vent de la tempête, tu ne sens pas la pluie qui tombe par torrents. Dès que la belle saison sera venue, j'ouvrirai ma fenêtre, tu prendras ton joyeux essor et tu t'enfuiras loin de moi.	Oh! prolongez encore nos rêves, ranimez par vos doux chants ces riantes images, quoique nous les distinguions à peine au travers de nos larmes. Gentils oiseaux! vous avez deviné que nous étions seuls et malheureux, et vous êtes venus égayer notre solitude. Vous partagerez notre repas solitaire, vous dormirez en paix; ne craignez pas les oiseaux de proie. Heureux oiseaux, sans souci et sans prévoyance, vous ne redoutez pas la journée de demain, vous n'entendez pas souffler le vent de la tempête, vous ne sentez pas la pluie qui tombe par torrents. Dès que la belle saison sera venue, nous ouvrirons notre fenêtre, vous prendrez votre joyeux essor, et vous vous enfuirez loin de nous.

QUESTIONS

Sur les finales des quatre Conjugaisons.

40. A quels temps tous les verbes s'orthographient-ils de la même manière? n° 192.

41. Quels sont les deux verbes qui font exception? — 192 bis.

42. Quels sont les trois temps qui ne suivent pas cette règle? — 193.

43. Comment se termine le présent de l'indicatif des verbes de la 1re conjugaison? — 194.

44. Quels sont les verbes de la 2e conjugaison qui se terminent de la même manière au singulier?—194. (2).

45. Comment se termine au singulier le présent de l'indicatif de tous les autres verbes? — 194. (3).

46. Quelles sont les exceptions? — 194. (4).

47. Comment se termine le passé défini? — 195.

48. Comment se termine l'impératif? — 196.

49. Quels sont les cinq verbes qui font exception? — 196 bis.

50. Qu'y a-t-il à remarquer pour la 2e personne singulière de l'impératif? — 197.

51. Comment se termine le pluriel des verbes? — 197 bis.

52. Qu'est-ce qui indique la terminaison d'un participe passé masculin? — 198.

53. A quels temps tous les verbes prennent-ils un accent circonflexe? — 199.

54. Comment peut-on distinguer au singulier la 3e personne du passé défini de la 3e personne de l'imparfait du subjonctif? — 200.

QUESTIONS

Sur la Conjugaison des différentes sortes de Verbes.

55. Comment se conjugue le verbe passif, et comment s'écrit le participe du verbe passif? — 201.

56. Comment se conjuguent les verbes neutres qui prennent *avoir*? — 202.

57. Comment se conjuguent les verbes neutres qui prennent *être*? — 203.

58. Comment se conjuguent les verbes pronominaux? — 204.

59. Comment se conjuguent les verbes impersonnels? — 204.

EXERCICES

Sur les finales des quatre Conjugaisons.

Conjuguer les trois personnes du singulier de l'imparfait de l'indicatif, du futur et du conditionnel présent des verbes plier, fuir, savoir, recueillir, répondre, faire, appuyer, valoir, écrire, courir, retenir, blesser, tressaillir.

1° Personnes singulières de l'Imparfait de l'Indicatif.

1re p. Je pliais.	2e p. Tu pliais.	3e p. Il *ou* elle pliait.
Je fuyais.	Tu fuyais.	Il . . fuyait.
Je savais.	Tu savais.	Il . . savait.
Je recueillais.	Tu recueillais.	Il . . recueillait
Je répondais.	Tu répondais.	Il . . répondait.
Je faisais.	Tu faisais.	Il . . faisait.
J'appuyais.	Tu appuyais.	Il . . appuyait.
Je valais.	Tu valais.	Il . . valait.
J'écrivais.	Tu écrivais.	Il . . écrivait.
Je courais.	Tu courais.	Il . . courait.
Je retenais.	Tu retenais.	Il . . retenait.
Je blessais.	Tu blessais.	Il . . blessait.
Je tressaillais.	Tu tressaillais.	Il . . tressaillait.

2° Personnes singulières du Futur.

1re p. Je plie-rai.	2e p. Tu plie-ras.	3e p. Il *ou* elle pliera.
Je fuirai.	Tu fuiras.	Il . . fuira.
Je saurai.	Tu sauras.	Il . . saura.
Je recueillerai.	Tu recueilleras.	Il . . recueillera.

Je répondrai.	Tu répondras.	Il . . . répondra.
Je ferai.	Tu feras.	Il . . fera.
J'appuierai.	Tu appuieras.	Il . . appuiera.
Je vaudrai.	Tu vaudras.	Il . . vaudra.
J'écrirai.	Tu écriras.	Il . . . écrira.
Je courrai.	Tu courras.	Il . . . courra.
Je retiendrai.	Tu retiendras.	Il . . retiendra.
Je blesserai.	Tu blesseras.	Il . . . blessera.
Je tressaillirai.	Tu tressailliras.	Il . . tressaillira.

3° Personnes singulières du Conditionnel présent.

1re p. Je plie-rais.	2e p. Tu plie-rais.	3e p. Il *ou* elle plierait.
Je fuirais.	Tu fuirais.	Il . . fuirait.
Je saurais.	Tu saurais.	Il . . saurait.
Je recueillerais.	Tu recueillerais.	Il . . recueillerait.
Je répondrais.	Tu répondrais.	Il . . répondrait.
Je ferais.	Tu ferais.	Il . . ferait.
J'appuierais.	Tu appuierais.	Il . . appuierait.
Je vaudrais.	Tu vaudrais.	Il . . vaudrait.
J'écrirais.	Tu écrirais.	Il . . écrirait.
Je courrais.	Tu courrais.	Il . . courrait.
Je retiendrais.	Tu retiendrais.	Il . . retiendrait.
Je blesserais.	Tu blesserais.	Il . . blesserait.
Je tressaillirais.	Tu tressaillirais.	Il . . tressaillirait.

Conjuguer les trois personnes singulières du présent et de l'imparfait du subjonctif des verbes

élever, prévaloir, prédire, savoir, être, souffrir, mourir, craindre, conclure, renvoyer, parcourir, maudire, résoudre, moudre.

1° Personnes singulières du présent du Subjonctif.

1re p. Que j'é-lève.	2e p. Que tu élèves.	3e p. Qu'il *ou* qu'elle élève.
Que je prévale.	Que tu prévales.	Qu'il . . prévale.
Que je prédise.	Que tu prédises.	Qu'il . . prédise.
Que je sache.	Que tu saches.	Qu'il . . sache.
Que je sois.	Que tu sois.	Qu'il . . soit.

Que je souffre.	Que tu souffres.	Qu'il . . souffre.
Que je meure.	Que tu meures.	Qu'il . . meure.
Que je craigne.	Que tu craignes.	Qu'il . . craigne.
Que je conclue.	Que tu conclues.	Qu'il . . conclue.
Que je renvoie.	Que tu renvoies.	Qu'il . . renvoie.
Que je parcoure.	Que tu parcoures.	Qu'il . . parcoure.
Que je maudisse.	Que tu maudisses.	Qu'il . . maudisse.
Que je résolve.	Que tu résolves.	Qu'il . . résolve.
Que je moule.	Que tu moules.	Qu'il . . moule.

2º Personnes singulières de l'Imparfait du Subjonctif.

1ʳᵉ p.	2ᵉ p.	3ᵉ p.
Que j'élevasse.	Que tu élevasses.	Qu'il *ou* qu'elle élevât.
Que je prévalusse.	Que tu prévalusses.	Qu'il . . prévalût.
Que je prédisse.	Que tu prédisses.	Qu'il . . prédît.
Que je susse.	Que tu susses.	Qu'il . . sût.
Que je fusse.	Que tu fusses.	Qu'il . . fût.
Que je souffrisse.	Que tu souffrisses.	Qu'il . . souffrît.
Que je mourusse.	Que tu mourusses.	Qu'il . . mourût.
Que je craignisse.	Que tu craignisses.	Qu'il . . craignît.
Que je conclusse.	Que tu conclusses.	Qu'il . . conclût.
Que je renvoyasse.	Que tu renvoyasses.	Qu'il . . renvoyât.
Que je parcourusse.	Que tu parcourusses.	Qu'il . . parcourût.
Que je maudisse.	Que tu maudisses.	Qu'il . . maudît.
Que je résolusse.	Que tu résolusses.	Qu'il . . résolût.
Que je moulusse.	Que tu moulusses.	Qu'il . . moulût.

Conjuguer les trois personnes singulières du présent de l'indicatif, du passé défini et la seconde de l'impératif des verbes écouter, entendre, acquérir, pouvoir, voir, ceindre, unir, vouloir, offrir, revoir, mouvoir, aller, dire, médire, prévenir, recueillir.

1º Personnes singulières du présent de l'Indicatif.

1ʳᵉ p.	2ᵉ p.	3ᵉ p.
J'écoute.	Tu écoutes.	Il *ou* elle écoute.
J'entends.	Tu entends.	Il . . entend.

J'acquiérs.	Tu acquiers.	Il . . acquiert.
Je peux.	Tu peux.	Il . . peut.
Je vois.	Tu vois.	Il . . voit.
Je ceins.	Tu ceins.	Il . . ceint.
J'unis.	Tu unis.	Il . . unit.
Je veux.	Tu veux.	Il . . veut.
J'offre.	Tu offres.	Il . . offre.
Je revois.	Tu revois.	Il . . revoit.
Je meus.	Tu meus.	Il . . meut.
Je vais.	Tu vas.	Il . . va.
Je dis.	Tu dis.	Il . . dit.
Je médis.	Tu médis.	Il . . médit.
Jé préviens.	Tu préviens.	Il . . prévient.
Je recueille.	Tu recueilles.	Il . . recueille.

2° Personnes singulières du Passé défini.

1ʳᵉ p. J'écoutai.	2ᵉ p. Tu écoutas.	3ᵉ p. Il *ou* elle écouta.
J'entendis.	Tu entendis.	Il . . entendit.
J'acquis.	Tu acquis.	Il . . acquit.
Je pus.	Tu pus.	Il . . put.
Je vis.	Tu vis.	Il . . vit.
Je ceignis.	Tu ceignis.	Il . . ceignit.
J'unis.	Tu unis.	Il . . unit.
Je voulus.	Tu voulus.	Il . . voulut.
J'offris.	Tu offris.	Il . . offrit.
Je revis.	Tu revis.	Il . . revit.
Je mus.	Tu mus.	Il . . mut.
J'allai.	Tu allas.	Il . . alla.
Je dis.	Tu dis.	Il . . dit.
Je médis.	Tu médis.	Il . . médit.
Je prévins.	Tu prévins.	Il . . prévint.
Je recueillis.	Tu recueillis.	Il . . recueillit.

3° Deuxième personne singulière de l'Impératif.

Ecoute.	Entends.	Acquiers.
Pouvoir n'a pas d'Impératif.	Vois.	Ceins.
Unis.	Veux, veuille.	Offre.
Revois.	Meus.	Va.
Dis.	Médis.	Préviens.
Recueille.		

Conjuguer les trois personnes du pluriel de l'imparfait de l'indicatif, du présent et de l'imparfait du subjonctif des verbes agréer, étudier, payer, s'asseoir, absoudre, confire, coudre, exclure, joindre, paître, suffire, peler, vaincre, végéter, grasseyer, fuir.

1º Personnes pluriel de l'Imparfait de l'Indicatif.

1re p. Nous	2e p. Vous	3e p. Ils *ou* elles
agréions.	agréiez.	agréaient.
Nous étudiions.	Vous étudiiez.	Ils . . étudiaient.
Nous payions.	Vous payiez.	Ils . . payaient.
Nous nous asseyions.	Vous vous asseyiez.	Ils . . s'asseyaient.
Nous absolvions.	Vous absolviez.	Ils . . absolvaient.
Nous confisions.	Vous confisiez.	Ils . . confisaient.
Nous cousions.	Vous cousiez.	Ils . . cousaient.
Nous excluions.	Vous excluiez.	Ils . . excluaient.
Nous joignions.	Vous joigniez.	Ils . . joignaient.
Nous paissions.	Vous paissiez.	Ils . . paissaient.
Nous suffisions.	Vous suffisiez.	Ils . . suffisaient.
Nous pelions.	Vous peliez.	Ils . . pelaient.
Nous vainquions.	Vous vainquiez.	Ils . . vainquaient.
Nous végétions.	Vous végétiez.	Ils . . végétaient.
Nous grasseyions.	Vous grasseyiez.	Ils . . grasseyaient.
Nous fuyions.	Vous fuyiez.	Ils . . fuyaient.

2º Personnes pluriel du présent du Subjonctif.

1re p. Que nous	2e p. Que vous	3e p. Qu'ils *ou*
agréions.	agréiez.	qu'elles agréent.
Que nous étudiions.	Que vous étudiiez.	Qu'ils . . étudient.
Que nous payions.	Que vous payiez.	Qu'ils . . paient.
Que nous nous asseyions.	Que vous vous asseyiez.	Qu'ils..s'asseyent.
Que nous absolvions.	Que vous absolviez.	Qu'ils . . absolvent.
Que nous confisions.	Que vous confisiez.	Qu'ils . . confisent.

Que nous cousions.	Que vous cousiez.	Qu'ils . . cousent.
Que nous excluions.	Que vous excluiez.	Qu'ils . . excluent.
Que nous joignions.	Que vous joigniez.	Qu'ils . . joignent.
Que nous paissions.	Que vous paissiez.	Qu'ils . . paissent.
Que nous suffisions.	Que vous suffisiez.	Qu'ils . . suffisent.
Que nous pelions.	Que vous peliez.	Qu'ils . . pèlent.
Que nous vainquions.	Que vous vainquiez.	Qu'ils . . vainquent.
Que nous végétions.	Que vous végétiez.	Qu'ils . . végètent.
Que nous grasseyions.	Que vous grasseyiez.	Qu'ils . . grasseyent.
Que nous fuyions.	Que vous fuyiez.	Qu'ils . . fuient.

3° Personnes pluriel de l'Imparfait du Subjonctif.

1re p. Que nous	2e p. Que vous	3e p. Qu'ils *ou* qu'elles
agréassions.	agréassiez.	agréassent.
Que nous étudiassions.	Que vous étudiassiez.	Qu'ils . . . étudiassent.
Que nous payassions.	Que vous payassiez.	Qu'ils . . payassent.
Que nous nous assissions.	Que vous vous assissiez.	Qu'ils . . s'assissent.
Que nous »	Que vous »	Qu'ils »
Que nous confissions.	Que vous confissiez.	Qu'ils . . confissent.
Que nous cousissions.	Que vous cousissiez.	Qu'ils . . cousissent.
Que nous exclussions.	Que vous exclussiez.	Qu'ils . . exclussent.
Que nous joignissions.	Que vous joignissiez.	Qu'ils . . joignissent.
Que nous »	Que vous »	Qu'ils »
Que nous suffissions.	Que vous suffissiez.	Qu'ils . . suffissent.

Que nous pelassions.	Que vous pelassiez.	Qu'ils . . pelassent.
Que nous vainquissions.	Que vous vainquissiez.	Qu'ils . . vainquissent.
Que nous végétassions.	Que vous végétassiez.	Qu'ils . . végétassent.
Que nous grasseyassions.	Que vous grasseyassiez.	Qu'ils . . grasseyassent.
Que nous fuissions.	Que vous fuissiez.	Qu'ils . . fuissent.

AUTRES EXERCICES

Sur les finales des quatre Conjugaisons.

Indicatif présent.

DICTÉE.	CORRIGÉ.
1. Je répondre, tu rompre, il répondre, nous rompre, vous marcher, ils courir, je aller, tu venir, il aller, il payer, il venir, nous broyer, vous niveler, il acheter, je envoyer, tu appeler, il apercevoir, nous polir, vous percevoir, ils rompre, je mener, tu répondre, il tordre, je devoir, tu receler, il dépecer, nous affliger, vous amonceler, ils accélérer, je acheter, tu balayer, il appeler, nous avancer, vous créer, il parier, je agréer, tu unir, il sévir, nous teindre, vous apercevoir, ils concevoir, je fondre, tu haïr, il peindre, nous salir, vous aider, ils devoir, je	1. Je réponds, tu romps, il répond, nous rompons, vous marchez, ils courent, je vais, tu viens, il va, il paie, il vient, nous broyons, vous nivelez, il achète, j'envoie, tu appelles, il aperçoit, nous polissons, vous percevez, ils rompent, je mène, tu réponds, il tord, je dois, tu recèles, il dépèce, nous affligeons, vous amoncelez, ils accélèrent, j'achète, tu balayes, il appelle, nous avançons, vous créez, ils parient, j'agrée, tu unis, il sévit, nous teignons, vous apercevez, ils conçoivent, je fonds, tu hais, il peint, nous salissons, vous aidez, ils doivent, j'orne, tu réponds, il

6*

DICTÉE.	CORRIGÉ.
orner, tu répondre , il tordre, nous acquérir, vous déchoir, ils défaire.	tord, nous acquérons, vous déchoyez, ils défont.

2. Je mouvoir, tu asseoir, il savoir, nous confondre, vous prédire , ils décevoir, je attendre, tu réjouir, il louer, nous fuir, ils sacrifier, vous récréer, je bouillir, tu assaillir, il acquérir, nous acquérir, vous offrir, ils cueillir, je offrir, tu teindre, il amonceler , nous vêtir, vous tressaillir, ils amonceler, nous déchoir, vous mouvoir, ils absoudre, je valoir, tu taire, il s'asseoir, nous pourvoir, vous battre, je conclure, tu confire, il clore, nous croire, vous dissoudre, il feindre, je rompre, tu naître, nous maudire, vous courir, ils prémunir, je renvoyer, tu partir, il sortir, nous vouloir, vous exclure, ils rire.

2. Je meus, tu assieds, il sait, nous confondons, vous prédisez, ils déçoivent, j'attends, tu réjouis, il loue, nous fuyons, ils sacrifient, vous récréez, je bous, tu assailles, il acquiert, nous acquérons, vous offrez, ils cueillent, j'offre, tu teins, il amoncelle, nous vêtons, vous tressaillez, ils amoncellent, nous déchoyons, vous mouvez, ils absolvent, je vaux, tu tais, il s'assied, nous pourvoyons, vous battez, je conclus, tu confis, il clôt, nous croyons, vous dissolvez, ils feignent, je romps, tu nais, nous maudissons, nous courons, ils prémunissent, je renvoie, tu pars, il sort, nous voulons, vous excluez, ils rient.

Imparfait.

DICTÉE.	CORRIGÉ.

1. Je percevoir, tu alléger, il balancer, nous céder, vous enlever, il cacheter, nous prier, vous rire, il fleurir, nous croire, tu redevoir, nous aller, tu guérir, nous tressaillir, il

1. Je percevais, tu allégeais, il balançait, nous cédions, vous enleviez, ils cachetaient, nous priions, vous riiez, il fleurissait, nous croyions, tu redevais, nous allions, tu guérissais,

DICTÉE.

ramener, nous confire, je maudire, tu battre, il vaincre, nous réjouir, ils consoler, tu confondre, il agréer, nous louer, je attendre, tu sacrifier, nous mourir, il retourner, vous plaire, il pourvoir, nous prendre, ils suffire, je tenir, ils tomber, nous venir.

2. Je sentir, tu trouver, je réjouir, nous sacrifier, vous prémunir, ils attendre, nous lever, ils rompre, tu mourir, je aller, il envoyer, nous acquérir, vous bouillir, tu dormir, ils offrir, ils faillir, nous fuir, vous mentir, vous récréer, vous décoller, ils souffleter, je conquérir, tu détruire, il assaillir, vous brunir, vous ouvrir, il s'asseoir, je mouvoir, tu déchoir, il valoir, nous voir, ils absoudre, je étudier.

CORRIGÉ.

nous tressaillions, il ramenait, nous confisions, je maudissais, tu battais, il vainquait, nous réjouissions, ils consolaient, tu confondais, il agréait, nous louions, j'attendais, tu sacrifiais, nous mourions, il retournait, vous plaisiez, il pourvoyait, nous prenions, ils suffisaient, je tenais, ils tombaient, nous venions.

2. Je sentais, je trouvais, je réjouissais, nous sacrifiions, vous prémunissiez, ils attendaient, nous levions, ils rompaient, tu mourais, j'allais, il envoyait, nous acquérions, vous bouilliez, tu dormais, ils offraient, ils faillaient, nous fuyions, vous mentiez, vous recréiez, vous décolliez, ils souffletaient, je conquérais, tu détruisais, il assaillait, vous brunissiez, vous ouvriez, ils s'asseyaient, je mouvais, tu déchoyais, il valait, nous voyions, ils absolvaient, j'étudiais.

Passé défini.

DICTÉE.

1. Je donner, tu autoriser, il allonger, nous divorcer, ils célébrer, je

CORRIGÉ.

1. Je donnai, tu autorisas, il allongea, nous divorçâmes, ils célébrèrent,

DICTÉE.

lever, tu décréter, il avertir, nous percevoir, ils suspendre, je acquérir, tu bouillir, il pleuvoir, il s'asseoir, il clore, il boire, nous conclure, vous confire, ils coudrent, je craindre, tu croire, il croître, nous dire, ils dissoudre, je écrire, tu être, ils feindre, nous joindre, vous lire, ils élire, je luire, tu maudire, il mettre, nous démettre, vous mordre, il moudre, je naître.

2. Tu paître, il renaître, vous nuire, vous paraître, ils plaire, je prendre, tu réduire, il instruire, nous résoudre, vous rire, ils rompre, je suffire, tu suivre, il tordre, nous taire, vous vaincre, ils vivre, je astreindre, tu partir, nous démériter, vous mourir, ils végéter, je agir, tu écrire, il neiger, nous émouvoir, vous réunir, ils plaire, je offrir, ils acquérir, tu croire, tu courir, il faillir, vous offrir, je envoyer, tu cueillir, il courir, nous régner, vous céler, ils rejeter.

CORRIGÉ.

je levai, tu décrétas, il avertit, nous perçûmes, ils suspendirent, j'acquis, tu bouillis, il plut, ils s'assirent (*Clore n'a pas de passé défini*), il but, nous conclûmes, vous confîtes, ils cousirent, je craignis, tu crus, ils crurent, nous dîmes, (*sans passé défini*), j'écrivis, tu fus, ils feignirent, nous joignîmes, vous lûtes, ils élurent, (*sans passé défini*), tu maudis, il mit, nous démîmes, vous mordîtes, ils moulurent, je naquis.

2. (*Sans pas. déf.*), (*id.*), vous nuisîtes, vous parûtes, ils plurent, je pris, tu réduisis, il instruisit, nous résolûmes, vous rîtes, ils rompirent, je suffis, tu suivis, il tordit, nous tûmes, vous vainquîtes, ils vécurent, j'astreignis, tu partis, nous déméritâmes, vous mourûtes, ils végétèrent, j'agis, tu écrivis, il neigea, nous émûmes, vous réunîtes, ils plurent, j'offris, ils acquirent, tu crus, tu courus, il faillit, vous offrîtes, j'envoyai, tu cueillis, il courut, nous régnâmes, vous célâtes, ils rejetèrent.

Futur.

DICTÉE.	CORRIGÉ.

1. Je demander, tu arranger, il ensemencer, nous décéder, vous mener, ils crocheter, je empiéter, tu abréger, il prier, vous balayer, vous rire, ils ragréer, je consoler, tu prémunir, il redevoir, nous confondre, vous agréer, ils écarrir, je décevoir, tu atteindre, il louer, nous réjouir, vous sacrifier, ils récréer, je menacer, tu loger, il jeter, nous appeler, vous céler, il semer, je régner, tu prier, il payer, vous créer, nous sécher, ils exceller, je rejeter, tu inquiéter.

1. Je demanderai, tu arrangeras, il ensemencera, nous décèderons, vous mènerez, ils crochèteront, j'empièterai, tu abrégeras, il priera, vous balayerez, vous rirez, ils ragréeront, je consolerai, tu prémuniras, il redevra, nous confondrons, vous agréerez, ils écarriront, je décevrai, tu atteindras, il louera, nous réjouirons, vous sacrifierez, ils récréeront, je menacerai, tu logeras, il jettera, nous appellerons vous célerez, ils sèmeront, je règnerai, tu prieras, il paiera, vous créerez, nous sécherons, ils excelleront, je rejetterai, tu inquièteras.

2. Il aller, nous envoyer, vous acquérir, je bouillir, je courir, tu cueillir, il dormir, nous faillir, vous fuir, ils mentir, je mourir, tu offrir, il haïr, nous fleurir, vous bénir, ils vaincre, je acquérir, tu courir, ils cueillir, nous tressaillir, vous déchoir, nous vouloir, ils voir, ils s'asseoir, je frire, tu convaincre, il promettre, nous renvoyer, vous répartir, ils recevoir, je accourir, tu disparaître, il croître, vous cesser, vous

2. Il ira, nous enverrons, vous acquerrez, je bouillirai, je courrai, tu cueilleras, il dormira, nous faillirons, vous fuirez, ils mentiront, je mourrai, tu offriras, il haïra, nous fleurirons, vous bénirez, ils vaincront, j'acquerrai, tu courras, il cueillera, nous tressaillirons, vous décherrez, nous voudrons, ils verront, ils s'assiéront, je frirai, tu convaincras, il promettra, nous renverrons, vous répartirez, ils recevront,

<table>
<tr><td>

DICTÉE.

mentir, ils monter, nous prier.

</td><td>

CORRIGÉ.

j'accourrai, tu disparaîtras, il croîtra, vous cesserez, vous mentirez, ils monteront, nous prierons.

</td></tr>
</table>

Conditionnel présent.

<table>
<tr><td>

DICTÉE.

1. Je frapper, tu changer, il enfoncer, nous digérer, vous peser, ils prononcer, je décacheter, tu empaqueter, il interpréter, vous associer, vous défrayer, ils croire, je suppléer, tu embellir, il redevoir, nous surprendre, vous vêtir, ils tressaillir, je mourir, tu aller, il acquérir, nous déchoir, vous pouvoir, ils s'asseoir, je prévaloir, tu joindre, il confire, nous mettre, vous traire, ils vaincre, je mettre, tu suffire, il savoir, vous pourvoir.

2. Vous pouvoir, ils vouloir, je mouvoir, tu consoler, il prémunir, nous confondre, vous agréer, ils écarrir, je décevoir, tu attendre, il louer, vous réjouir, vous sacrifier, ils récréer, je exceller, tu peler, il céder, nous menacer, vous loger, ils sym-

</td><td>

CORRIGÉ.

1. Je frapperais, tu changerais, il enfoncerait, nous digèrerions, vous pèseriez, ils prononceraient, je décachèterais, tu empaqueterais, il interprèterait, vous associeriez, vous défraieriez, ils croiraient, je suppléerais, tu embellirais, ils redevraient, nous surprendrions, vous vêtiriez, ils tressailliraient, je mourrais, tu irais, il acquerrait, nous décherrions, vous pourriez, ils s'assiéraient, je prévaudrais, tu joindrais, il confirait, nous mettrions, vous trairiez, ils vaincraient, je mettrais, tu suffirais, il saurait, vous pourvoiriez.

2. Vous pourriez, ils voudraient, je mouvrais, tu consolerais, il prémunirait, nous confondrions, vous agréeriez, ils écarriraient, je décevrais, tu attendrais, il louerait, vous réjouiriez, vous sacrifieriez, ils récréeraient, j'excellerais, tu pèlerais, il céderait, nous

</td></tr>
</table>

DICTÉE.	CORRIGÉ.
pathiser, je mourir, tu vivre, il vaincre, nous tordre, vous suffire, il rompre, je confire, tu exclure, nous croître, ils choir, tu avoir, il pourvoir, vous presser, tu accueillir, nous courir, vous marcher, je être, ils s'asseoir, tu suivre, nous lire, ils ennuyer, vous épeler, je tressaillir, vous fuir.	menacerions, vous logeriez, ils sympathiseraient, je mourrais, tu vivrais, il vaincrait, nous tordrions, vous suffiriez, il romprait, je confirais, tu exclurais, nous croîtrions, (*inusité*), tu aurais, il pourvoirait, vous presseriez, tu accueillerais, nous courrions, vous marcheriez, je serais, ils s'assiéraient, tu suivrais, nous lirions, ils ennuieraient, vous épelleriez, je tressaillirais, vous fuiriez.

Impératif.

DICTÉE.	CORRIGÉ.
1. Parler.	Parle, parlons, parlez.
Corriger.	Corrige, corrigeons, corrigez.
Influencer.	Influence, influençons, influencez.
Modérer.	Modère, modérons, modérez.
Relever.	Relève, relevons, relevez.
Tenir.	Tiens, tenons, tenez.
Adoucir.	Adoucis, adoucissons, adoucissez.
Haïr.	Hais, haïssons, haïssez.
Apercevoir.	Aperçois, apercevons, apercevez.
Tordre.	Tords, tordons, tordez.
Aller.	Va, allons, allez.
Acquérir.	Acquiers, acquérons, acquérez.
Cueillir.	Cueille, cueillons, cueillez.
Vêtir.	Vêts, vêtons, vêtez.
Offrir.	Offre, offrons, offrez.
Sortir.	Sors, sortons, sortez.
Déchoir.	Déchois, déchoyons, déchoyez.
Falloir.	»
Mouvoir.	Meus, mouvons, mouvez.
Prévaloir.	»
Employer.	Emploie, employons, employez.

Chanceler.	Chancelle, chancelons, chancelez.
Jeter.	Jette, jetons, jetez.
Décréter.	Décrète, décrétons, décrétez.
2. Ragréer.	Ragrée, ragréons, ragréez.
Asseoir.	Assieds, asseyons, asseyez.
Savoir.	Sache, sachons, sachiez.
Voir.	Vois, voyons, voyez.
Jouir.	Jouis, jouissons, jouissez.
Pourvoir.	Pourvois, pourvoyons, pourvoyez.
Absoudre.	Absous, absolvons, absolvez.
Battre.	Bats, battons, battez.
Traire.	Trais, trayons, trayez.
Coudre.	Couds, cousons, cousez.
Peindre.	Peins, peignons, peignez.
Naître.	Nais, naissons, naissez.
Clore.	*Inusité.*
Vaincre.	Vaincs, vainquons, vainquez.
Rompre.	Romps, rompons, rompez.
Ouvrir.	Ouvre, ouvrons, ouvrez.
Faire.	Fais, faisons, faites.
Assaillir.	Assaille, assaillons, assaillez.
Epeler.	Epelle, épelons, épelez.
Ennuyer.	Ennuie, ennuyons, ennuyez.
Lire.	Lis, lisons, lisez.
Suivre.	Suis, suivons, suivez.
Avoir.	Aie, ayons, ayez.

Subjonctif présent ou futur.

DICTÉE.

1. Je porter, tu changer, il enfoncer, ils promener, je épousseter, tu aller, il végéter, nous certifier, vous délayer, vous créer, je grasseyer, tu fleurir, il guérir, nous apercevoir, vous attendre, ils joindre, je déployer, tu vivre, il vaincre, nous mourir, vous

DEVOIR FAIT.

1. Que je porte, que tu changes, qu'il enfonce, qu'ils promènent, que j'époussète, que tu ailles, qu'il végète, que nous certifiions, que vous délayiez, que vous créiez, que je grasseye, que tu fleurisses, qu'il guérisse ; que nous apercevions ; que vous

DICTÉE.	CORRIGÉ.

croître, ils croire, je absoudre, je faire, je luire, nous vouloir, vous mouvoir, ils déchoir, je valoir, nous dormir.

attendiez, qu'ils joignent, que je déploie, que tu vives, qu'il vainque, que nous mourions, que vous croissiez, qu'ils croient, que j'absolve, que je fasse, que je luise, que nous voulions, que vous mouviez, qu'ils déchoient, que je vaille, que nous dormions.

2. Tu vouloir, il asseoir, il savoir, ils acquérir, je venir, tu céler, il envoyer, nous bouillir, nous courir, nous cueillir, je dormir, je faillir, je fuir, nous mentir, vous offrir, ils abolir, je recevoir, tu rendre, il allier, nous appeler, vous annuler, ils cuber, je payer, tu pelotonner, ils prétexter, nous désapproprier, ils tressaillir, nous dégarnir, ils dormir, je enquérir, tu faillir, il finir, nous fuir, vous réjouir, ils absoudre.

2. Que tu veuilles, qu'il asseie, qu'il sache, qu'ils acquièrent, que je vienne, que tu cèles, qu'il envoie, que nous bouillions, que nous courions, que nous cueillions, que je dorme, que je faille, que je fuie, que nous mentions, que vous offriez, qu'ils abolissent, que je reçoive, que tu rendes, qu'il allie, que nous appelions, que vous annuliez, qu'ils cubent, que je paie, que tu pelotonnes, qu'ils prétextent, que nous désappropriions, qu'ils tressaillent, que nous dégarnissions, qu'ils dorment, que j'enquière, que tu failles, qu'il finisse, que nous fuyions, que vous réjouissiez, qu'ils absolvent.

Imparfait du Subjonctif.

DICTÉE.	DEVOIR FAIT.

1. Je aborder, tu acquérir, il héberger, nous cueil-

1. Que j'abordasse, que tu acquisses, qu'il héber-

DICTÉE.

lir, nous percer, nous dormir, je préférer, tu mourir, il abréger, tu étinceler, il tenir, nous décréter, vous sentir, vous ramer, ils fureter, je déchoir, nous vêtir, ils noyer, ils mouvoir, je expier, tu pourvoir, il noyer, nous supplier, il assurer, je adoucir, tu savoir, il abattre, nous absoudre, vous conclure, ils entrevoir, je mener, tu joindre, il songer, nous mettre, vous vaincre, ils prononcer.

CORRIGÉ.

geât, que nous cueillissions, que nous perçassions, que nous dormissions, que je préférasse, que tu mourusses, qu'il abrégeât, que tu étincelasses, qu'il tînt, que nous décrétassions, que vous sentissiez, que vous ramassiez, qu'ils furetassent, que je déchusse, que nous vêtissions, qu'ils noyassent, qu'ils mussent, que j'expiasse, que tu pourvusses, qu'il noyât, que nous suppliassions, qu'il assurât, que j'adoucisse, que tu susses, qu'il abattît, *inusité*, que vous conclussiez, qu'ils entrevissent, que je menasse, que tu joignisses, qu'il songeât, que nous missions, que vous vainquissiez, qu'ils prononçassent.

2. Nous désagréer, vous répondre, ils mettre, je nuire, tu faire, il désaccorder, je haïr, tu offrir, il ouvrir, nous tenir, nous tressaillir, ils venir, je effrayer, tu vêtir, il apercevoir, nous asseoir, vous déchoir, ils devoir, je mouvoir, tu ciseler, il pourvoir, nous savoir, nous surseoir, il valoir, il émouvoir, tu battre, il venger, vous clore, je confire, tu

2. Que nous désagréassions, que vous répondissiez, qu'ils missent, que je nuisisse, que tu fisses, qu'il désaccordât, que je haïsse, que tu offrisses, qu'il ouvrît, que nous tinssions, que nous tressaillissions, qu'ils vinssent, que j'effrayasse, que tu vêtisses, qu'il aperçût, que nous assissions, que vous déchussiez, qu'ils dussent, que je musse, que tu cise-

DICTÉE.	CORRIGÉ.
rendre, il craindre, nous renoncer, vous croître, ils écrire.	lasses, qu'il pourvût, que nous sussions, que nous sursissions, qu'il valût, qu'il émût, que tu battisses, qu'il vengeât, *inusité*, que je confisse, que tu rendisses, qu'il craignît, que nous renonçassions, que vous crussiez, qu'ils écrivissent.

CONJUGAISON

Des Verbes passifs.

(Faire apprendre le modèle qui se trouve dans la Grammaire ; faire conjuguer de vive voix sur ce modèle plusieurs verbes de différentes conjugaisons, et donner les verbes suivants à conjuguer par écrit, faisant bien comprendre que, pour les verbes passifs, le participe doit toujours s'accorder avec le sujet. Dans le devoir suivant, les pronoms seront supposés du masculin pour le 1er et le 3e verbe ; et du féminin pour le 2e et le 4e.)

Faire conjuguer au passif les quatre verbes :
Louer, punir, voir *et* prendre,
Comme l'exemple qui suit.

INDICATIF PRÉSENT.	INDICATIF PRÉSENT.
Masculin.	*Féminin.*
Je suis loué.	Je suis punie.
Tu es loué.	Tu es punie.
Il est loué.	Elle est punie.
Nous sommes loués.	Nous sommes punies.
Vous êtes loués.	Vous êtes punies.
Ils sont loués.	Elles sont punies.

DICTÉE

Sur les Verbes passifs.

Ces pierres sont conservées comme des bijoux précieux. Cette écolière est regardée comme sage. Les petites filles étourdies ne profitent jamais; celles qui travaillent sont aimées et estimées. Ces horloges ont été brisées. Cette plume a été donnée à votre frère. L'étude doit être préférée au jeu. Ces ouvrages avaient été proposés à un libraire fort riche. Des reproches très-amers auront été faits à vos cousines. La pauvreté n'a jamais été regardée comme un vice. Cette petite fille est douée d'une candeur admirable. Je suis charmé de votre manière d'agir. Je doute que ces petites filles soient aimées de leurs frères; elles ont été mal accueillies par eux ce matin. Mes enfants, ces leçons eussent été sues parfaitement, mes explications eussent été retenues et appliquées convenablement, si votre dissipation ordinaire n'y avait point mis obstacle.

CONJUGAISON

Des Verbes neutres.

(Faire apprendre le modèle qui se trouve dans la Grammaire, faire conjuguer de vive voix sur ce modèle plusieurs verbes de différentes conjugaisons, puis donner par écrit les exercices suivants :)

1er Exercice. — Conjuguer tous les temps de l'Ind. des verbes *aller et* courir.

2e Exercice. — Conjuguer les mêmes temps des verbes *déchoir et* naître.

3e Exercice. — Conjuguer l'impératif et tous les temps du subjonctif des verbes *tomber et* mourir.

4e Exercice. — Conjuguer les mêmes temps des verbes *prévaloir et* naître.

CONJUGAISON

Des Verbes pronominaux et des Verbes impersonnels.

(Faire apprendre dans la Grammaire les modèles qui s'y trouvent sur le verbe pronominal et le verbe impersonnel; faire conjuguer de vive voix plusieurs verbes de différentes conjugaisons, et en donner quelques autres à faire par écrit, tels que les suivants :)

VERBES PRONOMINAUX.

Conjuguer les deux verbes pronominaux
se conduire *et* s'asseoir,

Supposant pour le premier, tous les pronoms du masculin ; et pour le second, tous les pronoms du féminin.

VERBE IMPERSONNEL.

Conjuguer en entier le verbe impersonnel importer.

RÉCAPITULATION GÉNÉRALE

Sur les différentes espèces de Verbes.

1. Eve mangea du fruit défendu et en donna à manger à Adam, l'engageant à en manger à son tour. Bénis soient ceux qui voient dans les malheureux autant de frères. Une âme humble est bénie de Dieu et chérie des hommes. Ma fille, travaille, applique-toi, et tu seras heureuse; tu acquerras des connaissances utiles. Ceux qui paient leurs dettes s'enrichissent, veux-tu jouir des richesses que tu possèdes, partage-les avec les malheureux. Je m'assiérai (*ou* m'asseyerai *ou encore* m'assoirai) sous ces ombrages pour respirer le frais. Les bonnes lectures nous distrayent en nous instruisant. La religion défend que nous enviions le bien des autres.

2. Les plus grandes fortunes chancellent, s'écroulent et disparaissent. Songeons souvent à notre dernière heure, et ne nous affligeons point des épreuves que Dieu nous envoie. Nous récompensons des élèves qui essayent de bien faire leurs devoirs. Celui qui craint Dieu ne néglige aucun de ses devoirs. On disait à Lucullus qui marchait à l'ennemi qu'il était menacé de perdre la bataille; car ce jour était marqué comme de mauvais présage dans le calendrier. Ce petit garçon rejette les pierres que son camarade lui a lancées. L'homme ne crée jamais rien de parfait. Marche ou plutôt cours où le devoir t'appelle.

3. Nous ne payerons les bienfaits que par une vive reconnaissance. Quand Démosthène prononçait une harangue, ses gestes n'exerçaient pas moins d'influence que ses paroles. Il n'est pas de secret que le temps ne révèle. Ce qu'on appelle flux et reflux n'est que le mouvement alternatif des eaux. L'homme projette toute sa vie, et il meurt sans avoir joui de ses projets. Crois-moi, ne nie pas cette noire action dont tu t'es rendu coupable; la nieras-tu? Je vous renouvelle, mes enfants, la promesse que vous renouvela votre maître hier. La paix ramène l'abondance.

4. L'homme par ses désirs empiète sur l'avenir comme pour prolonger la durée de sa vie. Les étoiles brillaient d'un vif éclat lorsque nous commençâmes notre course nocturne. Les ressorts qui meuvent cette machine ont besoin d'être réparés. Dieu se vengea par le déluge de l'oubli des hommes. L'envie hait ceux qu'elle est obligée de louer. Ce que tu donnes à un ami, tu le donnes avec un plaisir plus grand que si tu recevais quelque chose toi-même. Vous contredisez toujours votre mère, mon enfant ; c'est un manque de respect. Les avares amoncellent des richesses qui ne leur servent de rien.

5. Tu ne peux te maîtriser toi-même, et tu veux être maître des autres. On jouit paisiblement des biens qu'on acquiert sans reproche. Faites en sorte de n'être pas obligé de dire : Je vaux moins que je ne valais. Ne confie tes secrets qu'à un ami dont tu sois sûr. Je crains Dieu, et après lui, l'homme qui ne le craint pas. Quiconque projette le crime est déjà coupable. Vous n'aurez jamais fini, car vous défaites toujours ce que vous avez fait. Il est rare que les hommes vaillent leur réputation.

6. Faites du bien, et vous serez béni de Dieu et des hommes. En haïssant le vice, on se fortifie dans l'amour de la vertu. Nous connaîtrions bien mieux la nature si nous l'étudiions dans ses merveilles, et non dans les livres. Les choses dont nous nous souvenons le moins sont souvent celles qui mériteraient le plus de place

dans l'histoire de notre passé. Vous rappelez-vous, mes amis, que nous broyions les couleurs tandis que vous les délayiez. Avoue, mon enfant, que tu nies trop souvent tes torts; quand donc les avoueras-tu avec franchise?

7. Ce magistrat m'imposa silence et je me tus. Cet homme se tue à travailler, et ses enfants se tuent par leurs débauches. Tu te tueras aussi, si tu continues à vivre dans les tiennes. Nous enverrions un médecin à ta sœur, si nous pensions que sa maladie empirât. Je relis ce livre, tu le reliras aussi, il t'amusera. Ma fille, acquiers des sciences, et tu t'en trouveras bien. Rappelle-toi la religion; elle te donne de beaux exemples qu'il t'importe de suivre. J'agrée cette proposition, tu l'agréeras aussi.

8. L'ange disait à la Sainte Vierge : Vous êtes bénie entre toutes les femmes. Je m'assieds sur cette chaise; tu t'y assiéras aussi. Tu t'écartes de la sage conduite que tu t'étais tracée; moi, je ferai en sorte de ne pas m'écarter de la mienne. Ma fille, tu t'étais trompée l'autre jour en m'annonçant la nouvelle de l'arrivée de ton oncle. Ces élèves doivent être punies, parce qu'elles ne conçoivent que de mauvais projets. Tes sœurs sont inquiètes; elles seraient satisfaites et contentes de savoir où tu es. Tu as mal cloué ces malles; aussi tu les recloueras. Aime ton prochain comme toi-même; car tu es, ainsi que lui, enfant de Dieu.

9. Ces hommes sont méchants; la mort les effraie. Cet homme dit qu'il neigera; moi, je crois qu'il pleuvra. Nous vérifierons les faits, et nous verrons si vous avez des droits à nos suffrages. Tous nos vaisseaux furent engloutis. Ces malfaiteurs avaient été arrêtés. L'espoir d'un avenir plus heureux adoucit les peines qu'on éprouve. Ces hommes sont cruels, dis-tu; on les craint, on les fuit, on les blâme, on les redoute; tu vois qu'il faut les éviter comme des pestes publiques. Il faudrait que ces dames partissent, attendu que l'heure qu'elles avaient fixée est passée.

10. Les vœux que la crainte arrache à l'homme, s'évanouissent souvent avec le danger. Mesdemoiselles, je veux que vous soyez plus attentives à vos leçons. Ta mère t'avertit que tu as tort : crois qu'elle en est pleinement convaincue ; je t'apprends aussi qu'elle est instruite de toute ta conduite. Ces hommes révéraient la main qui les frappait ; ils regrettaient leur conduite passée. Tu parles de tes enfants, tu dis que tu les aimes ; je les aime beaucoup aussi ; prie Dieu qu'ils ne soient point ingrats ni méchants à l'avenir.

11. Tu dis que je vis en homme insouciant ; mais toi ne continues-tu pas à vivre de cette manière. Le Seigneur bénira les enfants dociles qui respectent et honorent leurs parents. Je joins mes prières aux tiennes ; joins les tiennes aux miennes, et nous prierons ensemble. Ma fille, tu as été punie de ta faute ; reconcilie-toi donc avec ceux que tu as offensés. Ces demoiselles sont sorties ce matin ; elles rentreront dans l'après-midi. Quelle peine ne ressent pas intérieurement celui que sa conscience accuse ? La liberté périt où règne la licence.

12. O mon Dieu ! donne à mon âme ravie les consolations dont tu énivres ceux qui se reposent en ta bonté paternelle. Dieu pardonne aux brebis égarées ; c'est comme cela qu'il les ramène et qu'il les reçoit dans son sein. Nous agréerons vos hommages, parce qu'ils sont loyaux. Ceux qui s'appliquent aux petites choses deviennent ordinairement incapables des grandes. Lorsque vous comprendrez l'explication de ce mystère, vous bénirez le Seigneur. Ces affaires ne seront pas entreprises par mon fils.

13. J'aperçus de jolis bosquets où nous nous reposâmes. Dieu tient les cœurs des rois entre ses mains puissantes. C'est là que s'étaient reposées ces dames. Viens-tu, Aline, que je te voie courir ? Il faut que je résolve cette importante question que tu résoudras ensuite. Ces enfants se récréeront à la pêche qu'ils vont faire. Je te révèle ces secrets ; mais tu ne les révèleras

à personne. J'enverrai bientôt mon fils au collége afin qu'il étudie les belles-lettres et qu'il les comprenne.

14. Quels combats se livrent les passions dans un cœur faible. Quelle faute commettent ceux qui s'abandonnent au mal! Sors, ma fille, pars sur-le-champ; quitte au plus tôt cette maison. Cette femme s'aperçut qu'elle essayait ses forces en vain. Il faut que vous justifiiez votre conduite. L'éducation publique donne des mœurs plus policées, plus douces et moins dures que l'éducation privée. Voyez ces villes opulentes, comme elles se sont détruites. L'avez-vous entendue, cette musique molle et efféminée; là, près de ce vieil ormeau, j'ai failli me laisser endormir par ses accords.

15. Arrivées à la pension, tes sœurs y reconnurent les miennes, et elles furent très-contentes de se revoir. Ces fleurs ordinairement vermeilles paraissent flétries et fanées; cependant elles viennent d'être cueillies. Troublée par mes regards, cette petite s'enfuit. Tu cèdes à mes vœux, parce que la première, j'ai cédé aux tiens. Ma fille, pourquoi lies-tu si mal ces paquets? je les relie tous parce qu'ils se délieraient en route. Nous prolongeons notre existence, en ménageant bien tous nos moments. La religion chrétienne changea autrefois la face du monde; elle seule renouvellera la société menacée.

16. Un bouffon coupable envers son souverain fut condamné à mort : il se prosterne aux genoux du prince et lui demande sa grâce, quoiqu'il ne la mérite pas; la seule grâce que je puisse te faire, répondit le monarque, c'est de te laisser le choix de ton supplice : choisis de quel genre de mort tu veux mourir. De vieillesse, répondit le bouffon. C'est en vain que les athées essaient et essaieront de prouver qu'il n'y a pas de Dieu; les beautés infinies de la nature nous conduisent à la connaissance de l'être suprême. Vivent les personnes pour qui obliger est un besoin!

17. Il faut que l'homme voie les infirmités de la vie,

qu'il se rappelle son néant, et alors il avouera qu'il existe un être supérieur à lui. Ces enfants s'effraient souvent. Achevez votre devoir; nous achèverons les nôtres quand nous pourrons. Partageons avec les malheureux qui essaieraient vainement d'implorer la fortune. Nous rédigeâmes ce mémoire pour vous; il faut que vous suppliiez votre oncle de le présenter au Préfet. Nous croyions hier que nos parents agréeraient nos excuses. La douce haleine du zéphyr nous appellera bientôt à des promenades délicieuses. Nos nombreuses iniquités pèsent sur nos consciences.

18. Dieu déploiera un jour sa justice vengeresse, et sa colère balayera les méchants comme une vaine poussière. Secours ce malheureux; c'est un devoir; donne lui quelque chose. Oui, père, nous nous ennuyions pendant que tu voyageais; nous nous ennuierons toujours pendant ton absence. Si j'échoue dans cette entreprise, d'autres y échoueront peut-être aussi. Il faudra que vous simplifiiez les règles de grammaire que vous enseignez, et que vous les appuyiez d'exemples, si vous voulez qu'on les comprenne. Les Français ne paraissent légers aux autres peuples que parce qu'ils conçoivent avec facilité ce que ces derniers calculent avec peine.

19. Henri IV chassant près de Vendôme, s'écarta de sa suite. Ayant rencontré un paysan assis près d'un arbre, il lui dit : Que fais-tu là? — Monsieur, j'attends pour voir passer le roi. — Si tu veux le voir, monte sur la croupe de mon cheval, conduis-moi à tel endroit, et je te le montrerai. Le paysan monte. Mais comment, dit-il, pourrai-je le reconnaître? — Tu verras bien celui qui aura son chapeau sur la tête pendant que tous les autres seront découverts, ce sera le roi. Henri auprès des siens, tous le saluent. Eh bien! dit-il au paysan, qui est le roi? Monsieur, reprit celui-ci, c'est vous ou moi, car nous seuls avons nos chapeaux sur la tête.

20. Vous payiez les dépenses de ces méchants quand ils révélaient vos secrets. Avoue que tu blâmes ma conduite, parce que tu as pensé que je blâmerais la

tienne. Je vérifie tes régistres tous les jours et je les trouve très-exacts; tu vérifieras les miens quand tu voudras. Je ne sais pourquoi tu hues les pauvres, pourquoi tu ne les salues pas; crains de devenir pauvre toi-même. Souviens-toi que tu as été faible, et prends les autres en considération. Tu puniras, ô Dieu juste, jusqu'aux plus petites fautes; les hommes cherchent en vain à se cacher à tes yeux.

21. Les avares auraient tout l'or du Pérou, qu'ils en désireraient encore. Tu m'as ravi mon plus beau livre; quand me le restitueras-tu? Mon enfant, remplis ta tâche, obéis à tes supérieurs; et pour cela souviens-toi que Jésus-Christ lui-même a obéi à ses parents. Depuis la mort de François II, la France a été déchirée par des guerres civiles, ou troublée par des factions; le joug n'a pas été toujours porté d'une manière paisible et volontaire. Nos entreprises ont été moins admirées et moins louées que les tiennes. Voyez-vous ces poissons, ils nagent entre deux eaux.

22. Les armes offensives sont celles avec lesquelles on attaque; et les défensives, celles avec lesquelles on se défend. Dans ce moment, nous vîmes un homme vêtu d'une tunique qui lui descendait jusqu'aux genoux, et sur laquelle il avait dû mettre sa cuirasse qu'il tenait dans ses bras. Les voyelles brèves sont celles sur lesquelles on appuie moins longtemps que sur les autres, en les prononçant. Cet homme, dites-vous, ne veut plus acheter votre propriété; si vous essayiez de la vendre à d'autres? O mon père! suspends ton courroux, écoute la prière de ta fille, et rends lui ton amitié.

23. Je pèse toutes les marchandises que tu achètes; je les trouve très-belles. Jeune prince, nous vous avions donné de bons conseils: vous ne les avez pas suivis. Je me rappelle toujours que tu m'appelas ignorante. Le sage oublie les injures, comme l'ingrat oublie les bienfaits. Nous nous dévouerons à la mort lorsque nous verrons la patrie en danger. Ma fille, il faut que nous pourvoyions à notre chétive existence. Reçois, ô mon

père, les hommages que tu as toujours reçus de ta fille.
Nous partagerons ce butin avec tes frères qui le voudraient déjà partagé. La postérité de Jacob a été bénie de Dieu. Je hais ceux qui n'aiment qu'eux-mêmes. Celui qui craint les reproches de sa conscience ne craint pas les reproches des hommes.

24. Obéis, si tu désires qu'on t'obéisse. On ne cèle pas à Dieu ce que l'on cèle aux hommes. Ce que l'on comprend le moins, c'est le prix du temps. Avant d'entrer dans cette maison, il faut que vous la déblayiez, que vous la balayiez, que vous la nettoyiez de la cave au grenier. Avec de la bonté, vous acquerrez et conserverez des amis. Celui qui répond paie. En rappelant les hommes à la vertu, nous les rappelons au bonheur. Les bonnes lectures nous distraient en nous instruisant. Le poil des chameaux sert aux Arabes à faire des étoffes dont ils se vêtent. Les vertus élèvent l'homme : les vices le dégradent.

25. Il faut que tu recouses les vêtements que ton frère a déchirés. Corrigeons-nous de nos défauts pendant que nous sommes jeunes. Le travail vient à bout de tout et supplée à tout. Il ne faut pas que l'homme se prévale de sa raison qui l'abandonne si souvent. La religion défend que nous enviions la prospérité de nos semblables, et que nous employions toutes sortes de moyens pour acquérir nos richesses. Je désavoue les moyens que tu as pris ; je les renie fortement. Ma maison a été bâtie avant que la tienne fût commencée. Nous encouragerons vos efforts quand vous emploierez convenablement les moments destinés à l'étude, et que vous sacrifierez de frivoles jeux à l'accomplissement des devoirs qui vous sont donnés.

COMPOSITIONS.

1° QUESTIONS. — 1. Quelles sont les voyelles et pourquoi sont-elles ainsi appelées? — 2. Qu'est-ce que le nom? — 3. Comment les adjectifs en *eur* formés

d'un participe présent forment-ils leur féminin ?
— 4. Comment distingue-t-on *que* pronom de *que* conjonction ou adverbe ? — 5. Quel est le moyen mécanique de trouver le sujet du verbe ? — 6. Qu'entend-on par radical ? — 7. Combien de temps forme l'infinitif ? — 8. A quels temps tous les verbes s'orthographient-ils de la même manière ? — 9. Comment se conjuguent les verbes neutres qui prennent *être* ?

2º EXERCICES. — 1. (Faire mettre au singulier et au pluriel les locutions suivantes, et souligner les adjectifs déterminatifs qui s'y trouvent.)

SINGULIER.	PLURIEL.
La parole bénigne.	Les paroles bénignes.
La petite sœur légère.	Les petites sœurs légères.
L'habile médecin.	Les habiles médecins.
L'homme cruel et brutal.	Les hommes cruels et brutaux.
Le pays froid et glacial.	Les pays froids et glacials.
Ce propos léger et inconsidéré.	Ces propos légers et inconsidérés.
Le blaireau solitaire.	Les blaireaux solitaires.
L'ail odorant et tonique.	Les ails odorants et toniques.
L'adjectif ordinal.	Les adjectifs ordinaux.
L'œil rouge, noir, gris, bleu ou vert.	Les yeux rouges, noirs, gris, bleus ou verts.
Le ciel de lit sombre et désagréable.	Les ciels de lit sombres et désagréables.
Le travail long et diffus de l'écrivain.	Les travaux longs et diffus des écrivains.
Le général libéral, loyal et matinal.	Les généraux libéraux, loyaux et . . . .
Cet homme honnête et doux.	Ces hommes honnêtes et doux.
Cet oiseau charmant.	Ces oiseaux charmants.
Mon heureuse arrivée.	»
Tel fait important.	Tels faits importants.
Telle histoire amusante.	Telles histoires amusantes.

Quel événement malheureux.	Quels événements malheureux.
Quelle observation intéressante.	Quelles observations intéressantes.
Aucun joli conte.	»
Aucune jolie histoire.	»
Ton *nouveau* (nouvel) ami.	Tes nouveaux amis.
L'air bon et gracieux.	»
Le favori artificieux, méchant et corrompu.	Les favoris artificieux, méchants et corrompus.
La taille moyenne et proportionnée.	Les tailles moyennes et proportionnées.
La bonté particulière, continuelle et excessive.	Les bontés particulières, continuelles et excessives.
Une armée turque.	Des armées turques.
Le *fou* (fol) abandon.	Les fous abandons.
La femme aimable, auteur et traducteur.	Les femmes aimables, auteurs et traducteurs.
La nièce gentille, vive, *malin* (maligne), instruite et compositrice (compositeur).	Les nièces gentilles, vives, malignes, instruites et compositeurs.
La vallée florissante et *enchanteuse* (enchanteresse.)	Les vallées florissantes et enchanteresses.
Le ciel bleu, pur, beau et serein.	Les cieux bleus, purs, beaux et sereins.
Le détail nouveau et intéressant.	Les détails nouveaux et intéressants.
Leur habit national.	Leurs habits nationaux.
Le journal partial et injuste.	Les journaux partiaux et injustes.

2. (Faire souligner les pronoms qui se trouvent dans les phrases suivantes.)

Ce qui me plaît le plus dans une jeune personne, c'est la modestie. Cette vertu m'enchante, surtout quand on y demeure fidèle au milieu même des succès. Gardez-vous des airs prétentieux, que chacun méprise, que vous-même abhorreriez dans les autres. Que sert-il de se mettre en frais pour s'attirer du ridicule? On n'en est pas plus avancé. Je crois que personne ne serait porté à la vanité, s'il faisait attention que tout le monde y trouve à redire, et que nul n'approuve une telle conduite. Quiconque d'ailleurs désire aller au ciel, doit se rappeler qu'on n'y va que par la simplicité et l'humilité.

---

3. DICTÉE.

HISTOIRE DE LA PETITE MARIE.

Par un frais et beau matin de printemps, la petite Marie fut envoyée par sa mère vendre du lait et des œufs au marché; mais avant son départ, la fermière lui fit ces sages recommandations : « Ma fille, observe fidèlement ce que je vais te dire; ou bien, au lieu du plaisir que tu te promets, tu n'éprouveras que des regrets et des chagrins. Premièrement, ne t'arrête point en chemin, ne cueille point les fleurs que tu rencontreras sur ton passage; ne joue point avec tes compagnes. Si tes cousines t'appellent lorsque que tu passeras, garde-toi de leur répondre. Va-t'en tout droit à la ville, et là, tu te placeras auprès de tante, et tu la prieras de t'aider à vendre ta marchandise. Lorsque tu auras fini et reçu ce qui te sera dû, tu reviendras à l'instant. J'oubliais, si tu peux trouver quelques beaux poissons pour Mme Durand, apportes-en. » Marie frémissait d'impatience pendant que sa mère lui faisait ses observations; aussi n'en entendit-elle pas la moitié. Elle promit tout néanmoins, puis elle s'élança bondissante sur la route qui menait à la ville. La première chose qui s'offrit à ses regards fut des violettes charmantes, et dont le velouté perçait admirablement l'herbe fraîche et verte. Oh! se dit-elle, j'en cueillerai quelques-unes, bien sûr; et elle posa son pot de lait et son panier d'œufs; mais à peine eût-elle pris quelques violettes, qu'elle entend une pierre frapper quelque chose auprès d'elle. Elle se retourne : ô désespoir! le pot de lait est renversé, et c'est le méchant petit Louis, le fils du meunier, qui vient de faire exprès ce coup. Marie, transportée de colère, saisit une pierre et la jette de toute sa force au petit Louis, qui pousse un cri plaintif, et s'échappe en courant chez son père. Après cette première aventure, la petite désobéissante continua sa route pendant quelque temps. Mais bientôt l'un des écueils que sa mère avait prévus, se présenta, et une première leçon ne suffisait pas à Marie. Ses cousines qui étaient des petites filles peu laborieuses, se trouvèrent sur leur porte, et elles l'appelèrent dès qu'elles la virent. Elle ne fit pas grande résistance; et, posant son panier d'œufs sur une petite table, elle se mit à causer. Les cousines étaient aussi orgueilleuses que fainéantes; aussi ne tardèrent-elles point à s'entretenir des ajustements neufs que leur mère leur avait achetés pour le pardon prochain; elles proposèrent aussi de les montrer, ce que Marie accepta avec grande joie. Mais lorsqu'elle vit ces habits qui étaient bien plus beaux que les siens, un sentiment de jalousie se glissa en elle, et la porta à dire à ses cousines, quoiqu'elle ne le pensât pas, que leurs vêtements n'étaient point jolis. Une des cousines, piquée de cela, répondit qu'elle n'en avait point, elle, Marie, de si beaux, et n'en aurait probablement jamais. Marie répondit par une nouvelle invective; de là, une querelle entre elle et les cousines; de la querelle on en vint aux coups; et, par malheur, en se débattant, on heurta le panier d'œufs qui tomba avec tout ce qu'il contenait. À la vue de ce malheur, la bataille cessa; mais qu'allait devenir Marie? Son voyage à la ville, ce voyage qu'elle souhaitait avec tant d'ardeur, elle ne pouvait plus l'exécuter. Et qu'allait lui dire sa mère au retour? Que faire, que faire, se disait la pauvre Marie, vraiment repentante alors et sentant bien que sa désobéissance seule lui avait attiré tous ces contre-temps? Elle s'arrêta au parti le plus sage ; elle résolut de retourner promptement chez elle et de tout avouer à sa mère. Après une petite réconciliation, elle dit adieu à ses cousines et reprit le chemin de la maison. Elle arriva bientôt à l'endroit où son premier malheur avait eu lieu, et le souvenir du petit Louis auquel elle avait peut-être fait bien mal, se présenta à son esprit. Elle marchait plongée dans ses réflexions, lorsqu'elle se sentit tout-à-coup rudement saisir par le bras ; c'était le meunier, qui avec une figure pleine de colère, lui dit ces mots foudroyants : « Tu as tué mon fils, eh bien, je te tuerai à ton tour. » Marie se jeta à genoux, et des sanglots s'échappèrent de sa poitrine oppressée. « Tu as tué mon fils, » répéta le meunier d'une voix si déchirante, que Marie tomba privée de ses sens. Lorsqu'elle revint à elle, sa mère était assise près de son lit et tenait ses mains dans les siennes. La pauvre femme ne lui fit point de reproches ; elle voyait sa fille assez cruellement punie. « Je l'ai tué, » fut la première parole que prononça Marie, « ma mère, je l'ai tué! » Et une fièvre ardente s'empara d'elle et la conduisit aux portes du tombeau. Elle revint cependant, mais bien corrigée des fautes qui faisaient gémir sa mère. Le petit Louis ne mourut point non plus ; sa blessure, quoique très-grave, se guérit à la longue, et le guérit aussi de sa manie de faire des méchancetés.

4. VERBES. — (Faire conjuguer activement et passivement lorsque cela se pourra les verbes suivants :)

1. La première personne sing. du prés. du cond. des verbes : mouvoir, pourvoir, prévaloir, asseoir, valoir, absoudre, contrefaire.

2. La deuxième pers. sing. de l'impératif des mêmes verbes.

CONDITIONNEL PRÉSENT.	PASSIVEMENT.
Je mouvrais.	Je serais mû *ou* mue.
Je pourvoirais.	Je serais pourvu *ou* pourvue.
Je prévaudrais.	»
J'assiérais *ou* j'asseierais.	Je serais assis *ou* assise.

7

Je vaudrais.	»
J'absoudrais.	Je serais absous *ou* absoute.
Je contreferais.	Je serais contrefait *ou* contrefaite.

IMPÉRATIF.	PASSIVEMENT.
Meus.	Sois mû *ou* mue.
Pourvois.	Sois pourvu *ou* pourvue.
Inusité.	»
Assieds.	Sois assis *ou* assise.
Inusité.	»
Absous.	Sois absous *ou* absoute.
Contrefais.	Sois contrefait *ou* contrefaite.

(La maîtresse fera un choix, tant dans les devoirs que nous avons donnés sur le verbe, que dans ces modèles de compositions, afin d'approprier les devoirs au plus ou moins d'intelligence des élèves. Une règle étant bien comprise, il n'est nullement nécessaire de donner tous les devoirs qui se trouveraient dans la méthode sur cette règle; il serait dans ce cas plus utile d'avancer.)

CHAPITRE VI.

DU PARTICIPE.

QUESTIONS SUR CE CHAPITRE.

1. Qu'est-ce que le participe? — 205.

2. Comment le participe présent exprime-t-il l'action? — 206.

3. Comment se terminent les participes présents? — 207.

4. Pourquoi le participe passé est-il ainsi appelé? — 208.

(Le participe passé se retrouvant continuellement dans toute phrase, nous croyons utile d'en donner dès maintenant les principales règles.)

5. Combien y a-t-il de cas à distinguer pour le participe passé?

Il y en a quatre : ou le participe passé est seul ; ou il est accompagné de l'auxiliaire *être* pris dans son sens naturel ; ou il est accompagné de l'auxiliaire *avoir* ; ou il est accompagné de l'auxiliaire *être* mis pour *avoir*.

6. Quelle est la règle du participe passé employé sans auxiliaire?

Si le participe passé est seul, c'est-à-dire employé sans auxiliaire, il suit la règle de l'adjectif et s'accorde, comme lui, avec le mot auquel il se rapporte.

7. Quelle est la règle du participe passé accompagné de l'auxiliaire *être* pris dans son sens naturel?

Si le participe est accompagné de l'auxiliaire *être* pris dans son sens naturel (ce qui a lieu dans tous les verbes passifs et dans certains verbes neutres), il s'accorde, comme un adjectif, avec le sujet du verbe.

8. Quelle est la règle du participe passé employé avec l'auxiliaire *avoir*?

Si le participe est accompagné de l'auxiliaire *avoir* (ce qui a lieu dans les verbes actifs et dans certains verbes neutres), il s'accorde avec son régime direct, s'il en a un qui le précède, et hors de ce cas, reste invariable.

9. Quelle est la règle du participe passé employé avec l'auxiliaire *être* mis pour *avoir*?

Si le participe est accompagné de l'auxiliaire *être* mis pour *avoir* (ce qui n'a lieu que dans les verbes pronominaux), il s'accorde avec son régime direct, s'il en a un qui le précède, comme le participe du verbe actif, et hors de ce cas reste aussi invariable.

10. Qu'y a-t-il à remarquer quand le participe est suivi d'un infinitif, ou que le sens indique qu'il y a un infinitif sous-entendu?

Quand le participe passé précédé d'un régime direct est suivi d'un infinitif, ou que le sens indique qu'il y a un infinitif sous-entendu, il faut voir si le régime direct qui précède est régime du participe, ou s'il est régime de l'infinitif. Dans le premier cas, le participe s'accorde avec ce régime; dans le second cas, il reste invariable.

EXERCICES

Sur le Participe passé.

1. *Première règle.* Le monument visité. Les monuments visités. Les églises visitées. Les champs ravagés. La terre ravagée. Les terres ravagées. La ville pillée et détruite. Les villes pillées et détruites. Le voleur vu et puni. Les voleurs vus et punis. La province conquise et dévastée. Les provinces conquises et dévastées. Les bruits répandus. Les nouvelles répandues. Le choix fait. Les emplètes faites. Un trésor découvert. Des trésors découverts. Une fleur cueillie. Des fleurs cueillies. Le fleuve débordé. Les fleuves débordés. La lettre reçue. Les lettres reçues. Les soldats venus ce matin logeront en ville. Les vertus pratiquées avec zèle mènent au royaume des cieux. J'irai visiter la mine découverte dernièrement.

2. *Deuxième règle.* La maison construite dernièrement est habitée aujourd'hui. Les maisons construites dernièrement sont habitées aujourd'hui. La rose cueillie ce matin est déjà flétrie. Les roses cueillies ce matin sont déjà flétries. Les nouvelles qui sont arrivées hier ont été reçues avec empressement. Les écoliers dociles seront toujours aimés et chéris de leurs maîtres. Les écolières dociles seront toujours aimées et chéries de leurs maîtresses. Nous avons été étonnés des progrès faits en si peu de temps. Les arbres élevés sont plus battus de la tempête et plus exposés à être renversés. Les enfants paresseux méritent d'être punis, et les diligents d'être récompensés. Qui pourrait dire toutes les découvertes faites, toutes les inventions perfectionnées, depuis le commencement du monde.

(On peut, si on le veut, prononcer, dans ces dictées, le participe toujours invariable; l'élève devra le faire accorder dès en écrivant.)

3. *Deuxième et troisième règle.* Les enfants sont venus et ont étudié; puis ils ont joué et sont partis. Les

vents ont soufflé avec violence et ont abattu bien des arbres. Plusieurs ont admiré les livres que j'ai reçus. Les actions que tu as faites ont été désapprouvées. La foi que nous avons reçue dès notre enfance, est la lumière qui a éclairé le monde. Les pertes que votre sœur a essuyées, ne l'ont pas affectée outre mesure. La lecture que nous avons faite, nous a beaucoup frappés. Une lumière a paru et a été admirée de plusieurs. Ne l'avez-vous pas aperçue? Les vertus que nous aurons pratiquées sur la terre, seront amplement récompensées dans le ciel; mais aussi les fautes que nous aurons commises en cette vie seront punies en l'autre. Les muets ont parlé, les sourds ont entendu, les malades ont été guéris, la vérité a été annoncée.

4. *Première, deuxième et troisième règle.* Les devoirs donnés sont-ils faits? Ne les avez-vous pas négligés pour le jeu? La rose épanouie a étalé les plus vives couleurs. La fleur que j'ai cueillie ce matin est déjà flétrie et fanée. Les plaintes que vous avez faites ce matin n'ont pas été reçues. Cette action qu'on a reprochée à votre sœur ne paraît pas avoir été préméditée. Nous sommes venus, nous avons vu, nous avons admiré les belles choses qu'on nous a montrées. Les cœurs bien disposés ont reçu avec empressement les grâces que Dieu leur a offertes. Les leçons que je vous ai assignées sont-elles apprises? les avez-vous du moins étudiées? Il m'a été dit qu'elles n'ont pas même été regardées par quelques-unes d'entre vous. Les îles lointaines visitées par nos missionnaires ont été converties à la foi.

5. *Quatrième règle.* Ces deux enfants se sont rencontrés, se sont dit des injures et se sont battus. Les beaux arts se sont perfectionnés peu à peu. Ces jeunes filles se sont aimées longtemps, puis elles se sont porté envie. La mort s'est introduite dans le monde à la suite du péché. Cette bonne femme qui s'était toujours bien conduite, s'est éteinte sans douleur. Ceux de ces hommes qui se sont portés à mal faire, se sont attiré les plus sévères châtiments. Souvent la joie s'est con-

vertie en tristesse, et la tristesse s'est changée en joie. Quelles sont, ma fille, ces actions dont vous vous êtes vantée? Je crains bien que vous ne vous soyez glorifiée trop tôt. Plusieurs villes se sont écroulées par suite de tremblements de terre. La mémoire de plusieurs hommes illustres s'est effacée totalement. L'habitude que vous vous êtes faite, mon enfant, de vous négliger sur vos leçons, vous sera préjudiciable; réparez les torts que vous vous êtes donnés là-dessus.

6. *Sur les quatre premières règles.* Les blés que j'ai semés et les fleurs que j'ai cultivées ont poussé à merveille, tandis que les semences que vous avez confiées à la terre se sont gâtées et semblent totalement perdues. Tant que ces familles ont ignoré le luxe, elles se sont suffi à elles-mêmes; mais lorsqu'elles l'ont connu, elles sont tombées dans la misère par suite des besoins qu'elles se sont créés. La route que Jésus nous a tracée est la voie sûre : ceux qui l'ont suivie fidèlement sont arrivés par là à l'éternel bonheur; ceux qui s'en sont écartés ont couru à leur perte et se sont attiré les plus sévères châtiments. Les adieux touchants que cette mère a adressés à son enfant, sur son lit de mort, ont arraché à tous des larmes qui ne sont point encore taries, et dont la source semble être ouverte pour long-temps. Quelles découvertes admirables l'esprit de l'homme n'a-t-il pas faites, malgré les bornes que le péché a mises à l'intelligence humaine.

7. *Cinquième règle.* Avez-vous fait toutes les annotations que vous aviez promis de faire? Avez-vous au moins fait tous les efforts que vous auriez dû? Pourquoi n'avez-vous pas pris exemple sur celles de vos compagnes que vous avez vues apporter à l'étude une application sérieuse? Les chevaux que nous avons vu acheter hier, ont-ils été vendus aujourd'hui? Les marchands que nous avions vus l'autre jour acheter une grande quantité de grains, n'en ont point retiré les avantages qu'ils auraient pu. Les règles que vous aviez cru comprendre, ne me paraissent pas encore très-bien saisies : il paraît que vous n'avez pas compris les ex-

plications que vous avez entendu faire ; sans doute parce que vous n'y avez pas apporté toute l'attention que vous auriez pu. Rarement nous trouvons le bonheur loin du pays qui nous a vus naître. Les personnes que j'ai entendues chanter, ont une voix bien juste. Les airs que j'ai entendu chanter ne m'ont plu que de sorte. Je n'ai point encore reçu la lettre qu'on m'avait promis de m'écrire.

8. *Sur les diverses règles du participe.* J'ai étudié et appris la géographie. La géographie que j'avais résolu d'étudier. Nous nous étions proposé d'étudier la géographie. La géographie que nous nous étions déterminés à étudier. Quels progrès avez-vous faits dans la langue française ? Si vous n'avez que peu réussi dans cette étude, c'est que vous n'y avez pas apporté toute l'attention que vous auriez dû. Il paraît que vous n'avez pas bien saisi les explications qu'on vous a données, faute d'y avoir prêté une oreille attentive. Voilà pourquoi, ma fille, plusieurs de vos compagnes vous ont laissée loin derrière elles : faites en sorte que dans quelques semaines vous les ayez à votre tour surpassées ou au moins égalées.

9. *Continuation.* Jésus nous a rachetés par l'effusion de son sang et nous a ouvert les portes des cieux : que de peines il a endurées pour opérer notre rédemption ! Quels sentiments d'admiration a produits sur un grand nombre d'âmes la considération de ses bontés pour nous ! C'est par leurs œuvres surtout que les saints se sont efforcés de témoigner au divin Sauveur toute leur reconnaissance ; faisons de même et gardons-nous de ressembler à ces arbres stériles qui se sont couverts de fleurs et qui n'ont pas donné de fruits. Comme nos jours sont comptés et que nous aurons bientôt atteint les limites que Dieu a posées à cette vie mortelle, il est imprudent de ne pas mettre à profit les heures que la divine providence a mises à notre disposition. Nous ne trouverons à la fin de notre carrière que les actions bonnes ou mauvaises que nous aurons faites, et ce sera d'après ces actions que nos éternelles destinées seront fixées.

10 et 11. — (On dictera seulement le devoir de la colonne à gauche; les élèves le feront ensuite une seconde fois, en y faisant les changements nécessités par le titre mis en tête de la colonne à droite. On prononcera, si l'on veut, tous les participes invariables.)

<table>
<tr><td>

Un Ami à son Ami.

10. Il est vrai, mon cher ami, j'ai été éprouvé en ces derniers temps par une maladie qui m'a fort tourmenté l'espace de quinze jours; par des pertes que Dieu m'a fait la grâce de supporter assez patiémment; enfin par diverses contrariétés qui se sont offertes successivement, et qui m'ont livré de rudes assauts; mais maintenant je suis remis de ma maladie; je suis débarrassé de tous les contre-temps que j'ai dû souffrir, et je me trouve fort obligé au Ciel de ce qu'il m'a fourni les moyens d'expier tant de fautes que j'ai commises en ma vie. Quelle force, mon cher ami, j'ai puisée dans cette pensée de foi au milieu des épreuves de toute nature auxquelles je me suis vu soumis. Que je me serais vite découragé si je ne m'étais rappelé que les maux comme les biens sont ménagés par la main paternelle de Celui qui m'a créé, qui m'a aimé jusqu'à souffrir pour moi des peines mille fois plus grandes

</td><td>

Une Amie à son Amie.

11. Il est vrai, ma chère amie, j'ai été éprouvée en ces derniers temps par une maladie qui m'a fort tourmentée l'espace de quinze jours; par des pertes que Dieu m'a fait la grâce de supporter assez patiémment; enfin par diverses contrariétés qui se sont offertes successivement, et qui m'ont livré de rudes assauts; mais maintenant je suis remise de ma maladie; je suis débarrassée de tous les contre-temps que j'ai dû souffrir, et je me trouve fort obligée au Ciel de ce qu'il m'a fourni les moyens d'expier tant de fautes que j'ai commises en ma vie. Quelle force, ma chère amie, j'ai puisée dans cette pensée de foi au milieu des épreuves de toute nature auxquelles je me suis vue soumise. Que je me serais vite découragée si je ne m'étais rappelé que les maux comme les biens sont ménagés par la main paternelle de Celui qui m'a créée, qui m'a aimée jusqu'à souffrir pour moi des peines mille fois plus

</td></tr>
</table>

que celles que j'ai endurées. Si tu t'es affligé de me savoir exercé par la souffrance, réjouis-toi d'apprendre que je suis sorti de la lutte sans en avoir été trop abattu, et joins-toi à moi pour rendre à Dieu les actions de grâces qui lui sont dues. Je suis tout pénétré de reconnaissance pour la conduite miséricordieuse qu'il a tenue envers moi.

Ce sont des hommes qui parlent.

12. Ce n'est que fort tard que nous sommes arrivés hier de la promenade que nous nous étions proposé de faire depuis longtemps. Nous nous sommes promenés à peu près toute la journée ; nous avons visité toutes les personnes que nous avions promis de voir ; nous avons parcouru des campagnes que nous n'avions encore jamais vues ; nous avons rencontré des sites qui nous ont émerveillés, et dont la mémoire restera toujours gravée dans nos esprits. Nous nous sommes enfin donné tant de mouvement hier, nous nous sommes constamment tellement tenus en haleine, que nos moments se sont écoulés

grandes que celles que j'ai endurées. Si tu t'es affligée de me savoir exercée par la souffrance, réjouis-toi d'apprendre que je suis sortie de la lutte sans en avoir été trop abattue, et joins-toi à moi pour rendre à Dieu les actions de grâces qui lui sont dues. Je suis toute pénétrée de reconnaissance pour la conduite miséricordieuse qu'il a tenue envers moi.

Ce sont des femmes qui parlent.

13. Ce n'est que fort tard que nous sommes arrivées hier de la promenade que nous nous étions proposé de faire depuis longtemps. Nous nous sommes promenées à peu près toute la journée ; nous avons visité toutes les personnes que nous avions promis de voir ; nous avons parcouru des campagnes que nous n'avions encore jamais vues ; nous avons rencontré des sites qui nous ont émerveillées, et dont la mémoire restera toujours gravée dans nos esprits. Nous nous sommes enfin donné tant de mouvement hier, nous nous sommes constamment tellement tenues en haleine, que nos moments se sont écoulés

avec une rapidité presque prodigieuse. La journée a passé, les visites se sont faites, les occupations se sont succédées, tous les projets arrêtés d'avance ont été réalisés, et nous sommes arrivés à la maison sans que nous ayons eu le loisir de songer aux affaires qui nous ont si fort préoccupés en ces derniers temps. Quelque importantes qu'elles soient; le souvenir nous en avait totalement échappé; et ce n'est qu'à notre retour que nous avons retrouvé les préoccupations que nous ont créées les circonstances fâcheuses où nous nous sommes trouvés depuis les pertes trop cruelles que nous avons faites.

avec une rapidité presque prodigieuse. La journée a passé, les visites se sont faites, les occupations se sont succédées, tous les projets arrêtés d'avance ont été réalisés, et nous sommes arrivées à la maison sans que nous ayons eu le loisir de songer aux affaires qui nous ont si fort préoccupées en ces derniers temps. Quelque importantes qu'elles soient, le souvenir nous en avait totalement échappé; et ce n'est qu'à notre retour que nous avons retrouvé les préoccupations que nous ont créées les circonstances fâcheuses où nous nous sommes trouvées depuis les pertes trop cruelles que nous avons faites.

ANALYSE.

Les projets des méchants ont toujours échoué. Retracez dans votre mémoire les grâces que Dieu vous a faites; et craignez d'abuser des dons que vous avez reçus. Combien de jeunes gens se sont livrés pendant plusieurs années à l'étude de la grammaire, et ne seraient point en état d'écrire six lignes correctement. La nature s'est plu à mettre autant de variété dans les esprits que sur les figures. Nous ne devons jamais répéter les propos injurieux que nous avons entendu débiter. Les bons livres que vous avez négligé de lire, vous auraient formé l'esprit et le cœur. Cette fleur est tombée avant la fin du jour qui l'a vue naître.

Les	Art. simp., masc. plur., se rap. à *projets*.
projets	Nom com., masc. plur., suj. de *ont échoué*.
des	Pour *de les*, art. comp., masc. plur., se rap. à *méchants*.
méchants	Adj. employé comme nom com., masc. plur., rég. de la prép. *de* dans l'art. composé *des*.
ont échoué	V. neutre *échouer*, 1re conj., 3e pers. plur., au passé indéfini.
toujours.	Adv., mot invariable.
Retracez	V. act. *retracer*, 1re conj., 2e pers. plur., à l'impér., son sujet est *vous* sous-entendu.
dans	Prép., mot inv.
votre	Adj. poss., fém. sing., se rap. à *mémoire*.
mémoire	Nom com., fém. sing., rég. de la prép. *dans*.
les	Art. simp. fém. plur., se rap. à *grâces*.
grâces	Non com., fém. plur., rég. du verbe *retracez*.
que	Pour *lesquelles grâces*, pron. rel., fém. plur., rég. dir. de *a faites*.
Dieu	Nom prop., masc. sing., sujet de *a faites*.
vous	Pour *à vous*, pron. pers., 2e pers. du plur., rég. de la prép. qu'il renferme.
a faites;	V. act. *faire*, 4e conj., 3e pers., sing., au passé indéfini.
et	Conj., mot inv.
craignez	V. act. *craindre*, emp. neutral., 4e conj., 2e pers. plur., à l'impér., son suj. est *vous* sous-entendu.
d'	Pour *de*, prép., mot inv.
abuser	V. neut. *abuser*, 1re conj., au prés. de l'infinit., rég. de la prép. *de*.
des	Pour *de les*, art. comp., masc. plur., se rap. à *dons*.
dons	Nom com., masc. plur., rég. de la prép. *de* dans l'art. comp. *des*.

que	Pour *lesquels dons*, pron. rel., masc. plur., rég. de *avez reçus*.
vous	Pron. pers., 2e pers., plur., sujet de *avez reçus*.
avez reçus.	V. act. *recevoir*, 3e conj., 2e pers. plur., au passé ind.
Combien de	Locut. adverbiale.
jeunes gens	Nom com. comp., masc. plur., suj. de *sont livrés*.
se	Pron. pers., 3e pers., masc. plur., rég. dir. de *se sont livrés*.
sont livrés	V. pron. accid., formé du verbe act. *livrer*, 1re conj., 3e pers. plur., au passé indéfini.
pendant	Prép., mot inv.
plusieurs	Adj. dét., fém. plur., se rap. à *années*.
années	Nom com., fém. plur., rég. de la prép. *pendant*.
à	Prép., mot inv.
l'	Pour *la*, art. simp., fém. sing., se rap. à *étude*.
étude	Nom com., fém. sing., rég. de la prép. *à*.
de	Prép., mot inv.
la	Art. simp., fém. sing., se rap. à *grammaire*.
grammaire	Nom com., fém. sing., rég. de la prép. *de*.
et	Conj., mot inv.
ne	Adv., mot inv.
seraient	V. subst. *être*, 3e pers. plur., au cond. présent.
point	Adv., mot inv.
en	Prép., mot inv.
état	Nom com., masc. sing., rég. de la prép. *en*.
d'	Pour *de*, prép., mot inv.
écrire	V. act., 4e conj., au prés. de l'infinit., régime de la prép. *de*.
six	Adj. numéral cardinal, fém. plur., se rap. à *lignes*.

lignes	Nom com., fém. plur., rég. dir. de *écrire.*
correctement.	Adv. de manière, mot inv., qui modifie *écrire.*
La	Art. simp., fém. sing., se rap. à *nature.*
nature	Nom com., fém. sing., suj. de *est plu.*
s'	Pour *se*, pron. pers., 3ᵉ pers. fém. sing., rég. de la prép. qu'il renferme.
est plu	V. pronominal *plaire*, 4ᵉ conj., 3ᵉ pers. sing., au passé indéfini.
à	Prép., mot inv.
mettre	V. act., 4ᵉ conj., au prés. de l'infinit., rég. de la prép. *à.*
autant de	Locution adverbiale qui modifie *mettre.*
variété	Nom com., fém. sing., rég. dir. de *mettre.*
dans	Prép., mot inv.
les	Art. simp., masc. plur., se rap. à *esprits.*
esprits	Nom com., masc. plur., rég. de la prép. *dans.*
que	Conj., mot inv.
sur	Prép., mot inv.
les	Art. simp., fém. plur., se rap. à *figures.*
figures.	Nom com., fém. plur., rég. de la prép. *sur.*
Nous	Pron. pers., 1ʳᵉ pers. masc. plur., suj. de *devons.*
ne	Adv. de négation, mot inv., qui modifie *devons.*
devons	V. act. *devoir*, 3ᵉ conj., au prés. de l'ind., 1ʳᵉ pers. plur.
jamais	Adv. de temps, mot inv., qui modifie *devons.*
répéter	V. act., 1ʳᵉ conj., au prés. de l'infinit., rég. dir. de *devons.*
les	Art. simp., masc. plur., se rap. à *propos.*
propos.	Nom com., masc. plur., rég. dir. de *répéter.*

injurieux	Adj. qual., masc. plur., se rap. à *propos*.
que	Pour *lesquels propos*, pron. rel., masc. plur., rég. dir. de *débiter*.
nous	Pron. pers., 1re pers., masc. plur., suj. de *avons entendu*.
avons entendu	V. act. *entendre*, 4e conj., 1re pers. plur., au passé ind.
débiter.	V. act., 1re conj., au prés. de l'infinit., rég. dir. de *avons entendu*.
Les	Art. simp., masc. plur., se rap. à *livres*.
bons	Adj. qual., masc. plur., se rap. à *livres*.
livres	Nom com., masc. plur., suj. de *auraient formé*.
que	Pour *lesquels livres*, pron. rel., masc. plur., rég. dir. de *lire*.
vous	Pron. pers., 2e pers., masc. plur., suj. de *avez négligé*.
avez négligé	V. act. *négliger*, emp. neutral., 1re conj., 2e pers. plur., au passé ind.
de	Prép., mot inv.
lire	V. act., 4e conj., au prés. de l'inf., rég. de la prép. *de*.
vous	Pron. pers., 2e pers., masc. plur., rég. de la prép. qu'il renferme.
auraient formé	V. act. *former*, 1re conj., 3e pers. plur., au cond. passé.
l'	Pour *le*, art. simp., masc. sing., se rap. à *esprit*.
esprit	Nom com., masc. sing., rég. dir. de *auraient formé*.
et	Conj., mot inv.
le	Art. simp., masc. sing., se rap. à *cœur*.
cœur.	Nom com., masc. sing., autre rég. dir. de *auraient formé*.
Cette	Adj. démonst., fém. sing., se rap. à *fleur*.
fleur	Nom com., fém. sing., suj. de *est tombée*.

est tombée	V. neutre *tomber*, 1re conj., 3e pers. sing., au passé ind.

est tombée — V. neutre *tomber*, 1re conj., 3e pers. sing., au passé ind.

avant — Prép., mot inv.

la — Art. simp., fém., sing., se rap. à *fin*.

fin — Nom com., fém. sing., rég. de la prép. *avant*.

du — Pour *de le*, art. comp., masc. sing., se rap. à *jour*.

jour — Nom com., masc. sing., rég. de la prép. *de* dans l'art. comp. *du*.

qui — Pour *lequel jour*, pron. relatif, masc. sing., sujet de *a vue*.

l' — Pour *la*, pron. pers., 3e pers. fém. sing., rég. dir. de *a vue*.

a vue. — V. act. *voir*, 3e conj., au passé ind., 3e pers. sing.

naître. — V. neutre, 4e conj., au prés. de l'inf., rég. d'une prép. sous-entendue.

COMPOSITIONS.

1° QUESTIONS. — **1.** Combien y a-t-il de sortes d'accents ? — **2.** Qu'appelle-t-on nom commun ? — **3.** Quels sont les adjectifs en *al* que l'Académie n'emploie pas au pluriel masculin ? — mais qui y sont cependant usités moyennant l'addition d'un *s* ? — **4.** Qu'est-ce que les pronoms indéfinis ? — **5.** Quels pronoms sont toujours régimes directs ? — **6.** Quels sont les verbes de la troisième conjugaison qui se conjuguent régulièrement ? — **7.** Quelle est la règle d'accord du participe passé employé avec l'auxiliaire *avoir* ?

2° EXERCICES. — **1.** (Dicter les noms suivants, et les faire ranger sur deux colonnes : les noms masculins à gauche et les noms féminins à droite.)

Abîme, air, aire, abrégé, dinde, équivoque, écume, enthousiasme, encensoir, alarme, amertume, artère, avarice, circulaire, dartre, acte, angle, ongle, antipode, augure, automate, décrottoire, épisode, épigramme, écritoire, aromate, axe, émétique, Rôtissoire, équateur, idolâtrie, île.

MASCULIN.	FÉMININ.	MASCULIN.	FÉMININ.
Abîme.	Aire.	Antipode.	Circulaire.
Air.	Dinde.	Augure.	Dartre.
Abrégé.	Equivoque.	Automate.	Décrottoire.
Enthousiasme	Ecume.	Episode.	Epigramme.
Encensoir.	Alarme.	Aromate.	Ecritoire.
Acte.	Amertume.	Axe.	Rôtissoire.
Augle.	Artère.	Emétique.	Idolâtrie.
Ongle.	Avarice.	Equateur.	Ilé.

2. (Faire conjuguer les verbes suivants :)

La première personne sing. du présent de l'indicatif des verbes acheter, peindre, comprendre, convaincre, créer, protéger.

La troisième personne singul. du futur simple des verbes rejeter, mener, nier, broyer, mourir, acquérir, cueillir, s'asseoir, courir, envoyer.

La deuxième personne sing. du prés. du subjonctif des verbes acquérir, s'asseoir, revêtir, boire, prévaloir, vouloir, déchoir.

3. DICTÉE. — Un roi de Perse doutant de la véracité de ses courtisans résolut de s'éloigner quelque temps de sa cour, et voulut parcourir les campagnes et les provinces, sans être connu, curieux d'observer son peuple dans sa simplicité naturelle, et de le voir agir et parler en liberté; dans ce dessein, il ne prit pour l'accompagner que celui de ses courtisans qu'il connaissait le plus sincère; et ils parcoururent ensemble plusieurs villages. Le prince vit les simples habitants se livrant avec une joie naïve à mille amusements innocents. Il fut charmé de trouver si loin de sa cour des plaisirs si faciles et si tranquilles. Un jour qu'il avait gagné un grand appétit à la promenade qu'il s'était donnée, il entra pour dîner dans une de ces humbles chaumières, et il trouva que la nourriture grossière qu'on lui avait *offert* (offerte) avait flatté plus agréablement son goût que tous les mets délicats dont sa table était chaque jour chargée.

Traversant un autre jour une prairie émaillée de fleurs, et arrosée par un petit ruisseau, il aperçut sous l'ombre d'un ormeau un jeune berger jouant de la flûte près de son troupeau qui paissait; il lui demanda son nom, et apprit qu'il s'appelait Alibée, et que ses parents demeuraient dans le hameau voisin. Ce jeune homme avait une belle figure, sans être efféminée; il était plein de vivacité, sans étourderie ni pétulance; il ne se croyait supérieur ni en beauté, ni en esprit aux autres bergers du canton; sans éducation, ses idées s'étaient étendues et cultivées d'elles-mêmes. Le roi eut un entretien avec lui, et fut charmé de sa conversation, il apprit de sa franchise bien des choses qui intéressaient l'état de son peuple et que ne lui avaient jamais *dit* (dites) ses courtisans; il souriait quelquefois en voyant la simplicité de ce jeune homme, qui disait librement sa pensée sans ménager personne. « Je vois bien, dit le monarque, en se tournant du côté de son confident, que la nature n'est pas moins belle et ne plaît pas moins dans les dernières conditions de la vie que dans les rangs les plus élevés; jamais prince ne m'a paru plus aimable que ce jeune berger qui vit avec son troupeau; quel père ne se trouverait pas heureux d'avoir un fils d'une aussi belle figure et d'une âme aussi sensible. Je suis sûr qu'une éducation savante perfectionnerait singulièrement son esprit et développerait mille talents qui me deviendraient utiles. » En conséquence, le monarque emmène avec lui Alibée, résolu de le faire instruire dans toutes les sciences et dans tous les arts agréables qui peuvent orner l'esprit.

(La suite au prochain chapitre.)

CHAPITRE VII.

DE L'ADVERBE.

QUESTIONS SUR CE CHAPITRE.

1. Qu'est-ce que l'adverbe ? — N° 210.
2. Que marque l'adverbe ? — 211.
3. Quels sont les adverbes de manière ? — 211-1°.
4.   —   de temps ? — 211-2°.

5. Quels sont les adverbes de lieu ? — 211-3°.
6.   —   d'ordre ? — 211-4°.
7.   —   de quantité ? — 211-5°.
8.   —   de comparaison ? —211-6°.
9.   —   d'affirmation et de néga-
tion ? — 211-7°.
10. L'adverbe a-t-il un régime ? — 212.
11. Quels sont les adverbes qui ont des régimes ?
— 213.
12. Qu'y a-t-il à remarquer pour les adverbes de
quantité ? — 214.
13. Qu'y a-t-il à remarquer pour l'adverbe *davantage* ? — 215.
14. Quand est-ce que les adjectifs se transforment
en adverbes ? — 216.
15. Qu'est-ce qu'une locution adverbiale ? — 217.

EXERCICES

Sur l'Adverbe.

(Faire surmonter d'un *a* les adverbes ci-dessous ; de *l a* les locutions adverbiales ; et de *a a* les adjectifs employés adverbialement.)

1. L'homme qui parle peu s'en repent rarement.
César était aussi éloquent qu'il était brave. Nos soldats
se sont très-bravement tirés. Vivez dans l'oisiveté, et la
misère viendra bientôt. On dédaigne aujourd'hui ce
ce qu'on désirera demain. La terre est assez fertile pour
nourrir tous les hommes. Une jeune personne ne sau-
rait parler d'elle-même trop modestement. Il y a deux
choses que nous trouvons rarement réunies , l'esprit et
le bon sens. Nous flottons sans cesse entre la crainte et
l'espérance.

2. Les ouvrages de la nature sont plus grands et plus durables que ceux de l'homme le plus habile. Nous sommes si insensés que nous sacrifions presque toujours notre bonheur réel à une jouissance chimérique. Celui qui sert fidèlement son pays a droit à l'estime et à la reconnaissance de ses semblables. Il y eut jadis de grands empires. Ne parlez jamais autrement que vous ne pensez. Le temps est un gouffre où tout s'engloutit.

3. L'amitié est une chose si précieuse qu'il ne faut pas la prodiguer. Un juge trop prompt est souvent sans justice. L'homme de bien oublie facilement les injures. Ce que nous aimons aujourd'hui nous déplaira peut-être demain, tant nous sommes inconstants. Le riche qui n'a jamais assez est aussi indigent que le pauvre qui n'a pas le nécessaire. Il n'y a rien de si difficile qu'on ne puisse faire facilement à force de travail. L'hiver sévit maintenant fort rigoureusement, mais bientôt la saison deviendra plus douce.

4. Il est bien facile de comprendre ce qui est expliqué clairement. Ici le ciel est toujours ou presque toujours chargé de nuages; il y a des pays où il est habituellement serein. Il faut savoir parler à propos, et il faut surtout savoir se taire quand il convient. Combien nous devons nous estimer heureux d'avoir reçu de bonne heure les lumières

de la foi. Les bonnes lectures forment facilement le cœur; les mauvaises le corrompent inévitablement.

5. Il n'est pas honnête de parler trop haut, surtout quand on est en compagnie. Combattons fortement les ennemis de notre salut qui nous épient toujours et nous tendent continuellement des piéges. Il faut, dit saint Paul, que le ministre de l'Evangile prêche à temps et à contre-temps, même dans les cas où il n'espère pas retirer grand fruit de ses exhortations. Cette épître ou cette lettre qui vous a été adressée est tour-à-tour plaisante et sérieuse.

6. L'habitude du bien s'acquiert peu à peu. Ecoutons les bons conseils; nous n'y saurions faire trop d'attention. Cette campagne où nous sommes demeurés long-temps, nous a rendu la santé. L'éternité s'avance de jour en jour; nous y entrerons bientôt, et cependant nous n'y pensons pas. Ces petites filles parlent trop fort. Que disent-elles ainsi? Tu comprends combien la science est nécessaire, et cependant tu joues toujours et ne t'appliques jamais. Marchez droit aujourd'hui comme toujours; revenez tout-à-l'heure; car on vous appellera bientôt et très-haut.

ANALYSE.

Dieu nous aime infiniment plus que nous ne saurions le comprendre : combien ne serions-nous pas coupables

de lui refuser plus longtemps l'hommage de nos cœurs !
Donnons-lui sur le champ nos affections; offrons-lui fidèlement nos actions et nos peines, et il nous en tien-
dra un jour un fort grand compte.

Dieu	Nom prop., masc. sing., sujet de *aime*.
nous	Pron. pers., 1re pers., masc. plur., rég. dir. de *aime*.
aime	V. act. *aimer*, 1re conj., 3e pers. sing., au prés. de l'ind.
infiniment	Adverbe de quantité, mot inv., qui modifie *aime*.
plus	Ad. de comparaison, mot inv., qui modifie *infiniment*.
que	Conj., mot inv.
nous	Pron. pers., 1re pers., masc. plur., suj. de *saurions*.
ne	Adv. de négat., mot inv., qui modifie *saurions*.
saurions	V. act. savoir, 3e conj., 1re pers. plur., au cond. présent.
le	Pron. pers., 3e pers., masc. sing., rég. direct de *comprendre*.
comprendre	V. act., 4e conj., au prés. de l'inf., rég. direct de *saurions*.
combien	Adv. de quantité, mot inv., qui modifie *serions*.
ne... pas	Adv. de négat., mot inv., qui modifie *serions*.
serions	V. subs. *être*, 1re pers. plur., au cond. présent.
nous	Pron. pers., 1re pers., masc. plur., suj. de *serions*.
coupables	Adj. qual., masc. plur., se rap. à *nous*.
de	Prép., mot inv.
lui	Pron. pers., 3e pers., masc. sing., rég. de la prép. qu'il renferme.
refuser	V. act., 1re conj., au prés. de l'inf., rég. de la prép. *de*.
plus	Adv. de comp., mot inv., qui modifie *longtemps*.

longtemps	Adv. de temps , mot inv., qui modifie *refuser*.
l'	Pour *le*, art. simp., masc. sing., se rap. à *hommage*.
hommage	Nom com., masc. sing., rég. dir. de *refuser*.
de	Prép., mot inv.
nos	Adj. pos., masc. plur., se rap. à *cœurs*.
cœurs.	Nom com., masc. plur., rég. de la prép. *de*.
Donnons-	V. act. *donner*, 1re conj., 1re pers. plur. à l'impér., son suj. est *nous*, sous-entendu.
lui	Pron. pers., 3e pers., masc. sing., rég. de la prép. qu'il renferme.
sur-le-champ	Locut. adv. qui modifie *donnons*.
nos	Adj. pos., fém. plur., se rap. à *affections*.
affections;	Nom com., fém. plur., rég. dir. de *donnons*.
offrons-	V. act. *offrir*, 2e conj., 1re pers. plur. à l'imp., son suj. est *nous* sous-entendu.
lui	Pron. pers., 1re pers., masc. plur., rég. de la prép. qu'il renferme.
fidèlement	Adv. de manière , mot inv., qui modifie *offrons*.
nos	Adj. pos., fém. plur., se rap. à *actions*.
actions	Nom com., fém. plur., rég. dir. de *offrons*.
et	Conjonct., mot inv.
nos	Adj. pos., fém. plur., se rap. à *peines*.
peines ,	Nom com., fém. plur., autre rég. dir. de *offrons*.
et	Conj., mot inv.
il	Pron. pers., 3e pers., masc. sing., suj. de *tiendra*.
nous	Pron. pers., 1re pers., masc. plur., rég. de la prép. qu'il renferme.
en	Pron. relat., mis pour *de cela*, masc. sing., rég. de la prép. qu'il renferme.
tiendra	V. act. *tenir*, 2e conj., 3e pers. sing., au futur.
un	Adj. num. card., masc. sing., se rap. à *jour*.
jour	Nom com., masc. sing., rég. de la prép., *pendant* sous-entendue.
un	Adj. num. card., masc. sing., se rap. à *compte*.

fort	Adj. employé adv., mod. *grand*.
grand	Adj. qual., masc. sing., se rap. à *compte*.
compte.	Nom com., masc. sing., rég. dir. de *tiendra*.

COMPOSITION.

(Faire distinguer, comme dans les devoirs précédents, les adverbes, les locutions adverbiales et les adjectifs employés adverbialement, en les faisant surmonter des initiales voulues.)

A sa première entrée à la cour, Alibée fut fort ébloui de son éclat, et tous les objets brillants si nouveaux pour lui, ce changement de fortune si subit et si imprévu firent quelque effet sur son âme et sur son caractère; au lieu de sa houlette, de sa flûte, et de ses habits de berger, il se vit revêtu d'une robe de pourpre brodée en or, et portant un turban enrichi de diamants. Bientôt ses idées s'étendirent et son esprit s'orna de connaissances; il devint en peu de temps capable des affaires les plus sérieuses; il mérita toute la confiance de son maître qui l'affectionnait comme son élève, et qui, lui trouvant surtout un goût exquis pour tout ce qui était curieux et magnifique, lui donna une des charges les plus considérables de la Perse, celle de gardien des bijoux et des effets précieux de son palais. Tandis que le prince vécut, Alibée jouit d'une faveur qui ne faisait qu'augmenter de jour en jour; cependant, à mesure qu'il avançait en âge, l'idée de sa retraite et de son premier état commençait à lui revenir plus souvent, et il le regrettait quelquefois. O jours heureux, ô jours innocents! s'écriait-il, jours où j'ai goûté une joie pure sans aucun mélange de peines et d'alarmes; jours les plus doux de ma vie, celui qui vous a enlevés à moi, qui m'a privé de vous pour me donner toutes les richesses que je possède, m'a dépouillé de tout mon bien. Je ne vous retrouve point dans son palais. Heureux, mille fois heureux, ceux qui n'ont jamais connu les misères de la cour des rois! Ici pourtant tous mes vœux sont prévenus et satisfaits; je n'ai pas le temps de désirer, tous mes sens sont agréablement flattés, et mon amour-propre jouit des respects de tout un peuple et des égards d'un grand roi; et cependant toutes ces jouissances multipliées n'ont pas la douceur d'un seul des sentiments que j'éprouvais, lorsque le matin d'un beau jour, au lever de l'aurore, j'entrais dans les prairies, suivi de mon chien fidèle et de mon troupeau; que serait-ce donc, si je ressemblais à quelques-uns de ces courtisans, que je vois pâles et rongés d'une ambition que rien ne peut satisfaire.

Alibée, si peu sensible aux plaisirs de la cour des rois, ne fut pas longtemps sans en essuyer les disgrâces. Le vieux monarque qui l'aimait descendit dans la tombe, et fit place à son fils. Aussitôt des jaloux entreprirent de le perdre dans l'esprit du nouveau roi; ils insinuèrent à celui-ci qu'Alibée avait abusé de la confiance que son père lui avait accordée, qu'il s'était amassé des richesses immenses, et qu'il avait détourné quantité d'effets précieux confiés à sa garde. Le roi était trop jeune pour n'être pas crédule; il avait d'ailleurs la vanité de croire qu'il pouvait réformer bien des choses dans ce qu'avait fait son père.

(La suite au prochain chapitre.)

CHAPITRE VIII.

DE LA PRÉPOSITION.

QUESTIONS SUR CE CHAPITRE.

1. Qu'est-ce que la préposition? — 218.
2. Qu'est-ce que le régime de la préposition? —219.
3. Quelles sont nos prépositions? — 220.
4. Qu'est-ce qu'une locution prépositive? — 220 *bis*.

EXERCICES

Sur la Préposition.

(Surmonter les prép. d'un *p* et les locut. prép. de *l p*.)

1. Cet événement s'est passé avant la naissance de J.-C. Le méchant a tout le monde contre lui. Voici le code de l'égoïste : tout pour moi, rien pour les autres. La fortune vient après la vertu dans l'esprit des honnêtes gens. Soyez indulgents pour les autres et sévères envers vous-mêmes. Le sable de la mer Caspienne est si subtil que les Turcs disent en proverbe qu'il pénètre à travers la coque d'un œuf. On ne peut acquérir une célébrité honorable sans efforts et sans travail.

2. Parlez toujours selon votre conscience. Parmi ces écrivains, il y en a peu dont le nom soit digne de passer à la postérité. L'homme léger n'est jamais d'accord avec lui-même. Le siége de Troie ne s'est terminé qu'au

8*

bout de dix ans. Les talents produisent suivant la culture qu'ils ont reçue. Il a tout perdu hors l'honneur. La haine qui existe entre les méchants ne s'éteint jamais. Accoutumons-nous de bonne heure à vaincre nos mauvais penchants, ces germes du mal que nous portons en nous ; si nous n'en triomphons pas tandis que nous sommes jeunes, nous en triompherons plus difficilement en un âge plus avancé.

3. Je ne puis que vous encourager à devenir meilleurs ; vous verrez qu'en le devenant, vous serez plus heureux et plus satisfaits que vous ne l'avez été jusqu'à présent. Je vous pardonne vos fautes passées en faveur de vos bonnes résolutions pour l'avenir. Sans la paix du cœur, tous les avantages de la terre ne sont que choses frivoles : encore que plusieurs les recherchent, ils passent trop vite pour qu'un esprit solide puisse croire qu'ils vaillent la peine d'être convoités.

4. Cette maison est située vers le nord. Le soleil avait disparu depuis deux heures. Le vaisseau lutta pendant un jour contre la violence des flots, puis il se brisa dès le soir même. Soyez charitables envers les pauvres de J.-C. qui sont nos frères à tous. Nous passâmes à travers les écueils. L'homme vertueux meurt sans regret. L'oisiveté ressemble à la rouille, elle use plus que le travail. La gloire d'un souverain consiste dans le bonheur de ses peuples. Écrivez les injures sur

le sable et les bienfaits sur l'airain. L'infortuné est soutenu par l'espérance.

5. L'armée se trouva arrêtée entre deux montagnes.
L'intrigant emploie tous les moyens pour arriver à son
but. On ne devient pas instruit sans un travail long et
soutenu. Bien des siècles se sont écoulés depuis le déluge. Rome fut fondée longtemps avant l'ère chrétienne.
Il cultiva avec succès tous les arts, excepté la peinture.
Les eaux de la mer s'élèvent en vapeurs, se convertissent en nuages et tombent en pluie sur le globe. Les
ministres étaient placés autour de son trône. L'élo-
quence vient du cœur, sans aucun doute.

6. La lune nous éclaire depuis une heure. Cette personne parle en faveur de ses amis. Selon ce que l'on
m'a dit, il y a sous cette enveloppe une lettre à votre
adresse. Suivant mon calcul, je dois à ce monsieur,
pour son travail, cent deux francs, sauf erreur. Voilà
un officier qui a été blessé; il se trouvait devant moi
quand il fut frappé. Aristide se fit estimer par sa pro-
bité. Pour qui est ce présent que voilà? Pour vous,
Monsieur, je le ferai porter chez vous; vous logez ; je
crois vis-à-vis de l'église.

ANALYSE.

Nous savons par expérience que nous sentons bien vite les torts des autres envers nous; mais nous ne pensons guère à ce que les autres ont à souffrir de notre part. Nous jugeons souvent avec trop de rigueur ceux pour lesquels nous éprouvons un éloignement naturel, et nous sommes quelquefois portés à excuser dans nos amis certaines choses tout-à-fait répréhensibles. Que notre pauvre esprit est sujet à errer !

Nous	Pron. pers., 1re pers. masc. plur., suj. de *savons*.
savons	V. act. *savoir*, 3e conj., 1re pers. plur., au prés. de l'ind., son rég. est le reste de la phrase.
par	Préposition.
expérience	Nom com., fém. sing., rég. de la prép. *par*.
que	Conjonction.
nous	Pron. pers., 1re pers. masc. plur., suj. de *sentons*.
sentons	V. act. *sentir*, 2e conj., 1re pers. plur., au prés. de l'ind.
bien	Adv. de manière, qui mod. *vite*.
vite	Adv., qui mod. *sentons*.
les	Art. simp., masc. plur., se rap. à *torts*.
torts	Nom comm., masc. plur., rég. dir. de *sentons*.
des	Pour *de les*, art. comp., masc. plur., se rap. à *hommes* sous-entendu.
autres	Adj. dét., masc. plur., se rap. à *hommes* sous-entendu.
envers	Préposition.
nous;	Pron. pers., 1re pers., masc. plur., rég. de la prép. *envers*.
mais	Conjonction.
nous	Pron. pers., 1re pers. masc. plur., suj. de *pensons*.
ne	Adv. de nég., qui mod. *pensons*.
pensons	V. act. *penser*, 1re conj., 1re pers. plur., au prés. de l'ind.

guère	Adv. de quantité, qui mod. *pensons.*
à	Préposition.
ce	Pron. démonst., masc. sing., rég. de la prép. *à.*
que	Pron. rel., masc. sing., rég. dir. de *souffrir.*
les autres	Pron. ind., masc. plur., suj. de *ont.*
ont	V. act. *avoir,* 3e conj., 3e pers. plur., au prés. de l'ind.
à	Préposition.
souffrir	V. act., 2e conj., au prés. de l'inf., rég. de la prép. *à.*
de	Préposition.
notre	Adj. pos., fém. sing., se rap. à *part.*
part.	Nom com., fém. sing., rég. de la prép. *de.*
Nous	Pron. pers., 1re pers. masc. plur., suj. de *jugeons.*
jugeons	V. act. *juger,* 1re conj., 1re pers. plur., au prés. de l'ind.
souvent	Adv. de temps, qui mod. *jugeons.*
avec trop de	Locution prépositive.
rigueur	Nom com., fém. sing., rég. de la locut. prépos. *avec trop de.*
ceux	Pron. démonst., masc. plur., rég. dir. de *juger.*
pour	Préposition.
lesquels	Pron. relat., masc. plur., rég. de la préposition *pour.*
nous	Pron. pers., 1re pers. masc. plur., suj. de *éprouvons.*
éprouvons	V. act. *éprouver,* 1re conj., 1re pers. plur., au prés. de l'ind.
un	Adj. num. card., masc. sing., se rap. à *éloignement.*
éloignement	Nom com., masc. plur., rég. dir. de *éprouvons.*
naturel	Adj. qual., masc. sing., se rap. à *éloignement.*
et	Conjonction.
nous	Pron. pers., 1re pers., masc. plur., suj. de *sommes portés.*

sommes portés   V. passif, 1re conj., 1re pers. plur., au prés. de l'ind.
quelquefois   Adv. de temps, qui mod. *sommes portés*.
à   Préposition.
excuser   V. act., 1re conj., au prés. de l'infinitif, rég. de la prép. *à*.
dans   Préposition.
nos   Adj. pos., masc. plur., se rap. à *amis*.
amis   Nom com., masc. plur., rég. de la prép. *dans*.
certaines   Adj. qual., fém. plur., se rap. à *choses*.
choses   Nom com., fém. plur., rég. direct de *excuser*.
tout-à-fait   Locution adv., qui mod. *repréhensibles*.
repréhensibles.   Adj. qual., fém. plur., se rap. à *choses*.
Que   Pour *combien*, adv. de quantité, qui mod. l'ensemble de la phrase.
notre   Adj. pos., masc. sing., se rap. à *esprit*.
pauvre   Adj. qual., masc. sing., se rap. à *esprit*.
esprit   Nom com., masc. sing., suj. de *est*.
est   V. subst. *être*, au prés. de l'ind., 3e pers. sing.
sujet   Adj. qual., masc. sing., se rap. à *esprit*.
à   Préposition.
errer!   V. neutre, 1re conj., au prés. de l'infinit., rég. de la prép. *à*.

COMPOSITIONS.

1º Questions. — 1. Combien y a-t-il de genres? — 2. Quand supprime t-on *e a* dans l'article simple? — 3. Quels sont les adjectifs qui ne changent pas au pluriel masculin? — 4. Quels sont les pronoms qui sont tantôt pronoms indéfinis et tantôt pronoms relatifs? — 5. Qu'est-ce que le temps? — 6. Qu'y a-t-il de particulier pour les verbes terminés à l'infinitif par *eler* ou *eter*? — 7. Quelle est la règle d'accord du participe passé conjugué avec l'auxiliaire *être* mis pour *avoir*? — 8. Qu'est-ce que l'adverbe? — 9. Qu'est-ce que la préposition?

2° **Exercices.** — **1.** (Dans les phrases suivantes, faire surmonter les sujets des verbes d'un *s* et les régimes d'un *r*.)

L'éducation, lorsqu'elle est dirigée comme il faut, rectifie le jugement, développe l'intelligence et jette dans l'âme des semences de vertus. Ceux qui s'appuient avec trop de confiance sur les choses qui passent s'exposent à de cruelles déceptions. Il arrive rarement que ceux qui vivent coupables viennent à mourir innocents. Votre père est aimé de tous ceux qui le connaissent. Celui qui décherra de sa première ferveur vivra dans des troubles bien amers, et mourra dans les plus vives inquiétudes. Venez à moi, dit notre bon Sauveur, vous qui pleurez et qui êtes chargés, et je vous soulagerai. Une belle action laisse un souvenir agréable, et le souvenir de s'être vengé cause des regrets. L'orage se forma, les éclairs brillèrent, le vent devint violent et le tonnerre éclata avec un fracas épouvantable; alors il fallut nous retirer dans une obscure cabane. Hélas! que je suis malheureux, disait un voleur de profession: mes crimes me poursuivent journellement quand la justice ne le fait pas. Pourvu que vous vous occupiez, il nous importe fort peu à quoi.

2. (Faire souligner les prépositions et les locutions prépositives qui se trouvent dans la dictée suivante. — Nous faisons observer que les dictées que nous plaçons ainsi à la fin des chapitres ne doivent pas être données aux élèves en une seule fois; la maîtresse en donne plus ou moins suivant le temps qu'elle peut y consacrer.)

Pour avoir un prétexte de lui ôter sa charge, le roi

ordonne à Alibée, par le conseil des courtisans, de lui apporter le cimeterre garni de diamants que son père avait coutume de porter dans les batailles. Alibée l'apporte et le présente au roi : mais il était dégarni de pierreries. Le monarque le crut aussitôt coupable de ce vol, mais Alibée prouva qu'elles avaient été ôtées par l'ordre de son père, et avant qu'il fût même en possession de sa charge. Les courtisans, honteux de ce mauvais succès, n'en furent que plus ardents à poursuivre l'homme de bien qu'ils voulaient perdre : ils conseillèrent donc au roi de se faire présenter, dans le délai de quinze jours, un répertoire de tous les objets dont Alibée avait été établi gardien.

Le délai expiré, le roi voulut être présent lui-même à l'ouverture du dépôt. Alibée l'ouvre devant lui, et lui présente tous les bijoux qui lui avaient été confiés ; chaque chose était rangée par ordre et conservée avec soin. Le roi, surpris de tant d'exactitude et de fidélité, lançait déjà des regards d'indignation sur les accusateurs, lorsqu'ils lui montrèrent au bout de la galerie une porte de fer fermée avec trois grosses serrures. « C'est sous cette porte, lui dirent-ils, qu'Alibée a renfermé les trésors qu'il a volés à votre père. » Le roi redevint furieux et ordonna que la porte fût ouverte sur-le-champ. Alibée se jette à ses pieds et le conjure de ne pas lui ôter le seul bien dont il fît cas sur la terre.

« Il n'est pas juste, lui dit-il, de me dépouiller en un moment de tout ce que je possède, après avoir tant d'années servi fidèlement votre père; prenez tout ce qu'il m'a donné, mais laissez-moi tout ce que je possède ici. » Les courtisans triomphaient dans le secret de leur âme, et cette résistance ne fit qu'augmenter les soupçons du roi qui le menaça plein de colère et le força d'obéir. Alibée prend donc les clefs et ouvre cette porte mystérieuse. Quelle fut la surprise de ses ennemis et du roi, lorsqu'ils n'aperçurent qu'une houlette, une flûte et des habits de berger! C'étaient ceux qu'avait autrefois portés Alibée, et qu'il visitait quelquefois pour entretenir le souvenir et l'amour de sa première condition. « Grand roi, lui dit-il, voyez les restes de mon premier bonheur; ce trésor va m'enrichir, quand vous m'aurez dépouillé de tout ce que vous pouvez m'ôter, voilà les richesses solides qui ne peuvent jamais manquer; elles suffiront toujours au bonheur de l'homme qui sait aimer l'innocence et se contenter du nécessaire, sans se tourmenter follement pour des biens frivoles, qui n'ajoutent pas un sentiment de plus à la félicité réelle. O vous, instruments simples et chers d'une vie heureuse! je ne veux que vous; c'est avec vous que je suis résolu de vivre et de mourir. Grand roi, je vous remets sans regret tout ce que m'a donné votre père, et je ne garde que ce qui m'appartenait avant qu'il me fît venir à sa cour. Le roi eut peine à revenir de sa surprise; il demeura bien convaincu de l'innocence d'Alibée, et son indignation retomba sur les courtisans qui l'avaient trompé.

« Sortez, imposteurs, leur dit-il, et fuyez de ma présence. » Aussitôt il fit Alibée son premier ministre et le chargea de toutes les affaires les plus secrètes et les plus importantes. Alibée mourut premier ministre, et pauvre; il ne souffrit jamais qu'on punît aucun de ses ennemis, et il ne laissa à ses parents que le bien nécessaire pour les nourrir dans la condition de berger, qu'il regarda toujours comme la plus heureuse et la plus sûre.

CHAPITRE IX.

DE LA CONJONCTION ET DE L'INTERJECTION.

QUESTIONS SUR CE CHAPITRE.

1. Qu'est-ce que la conjonction? — 221.
2. Quelles sont les conjonctions les plus usitées? — 222.
3. Qu'est-ce qu'une locution conjonctive? — 223.
4. Qu'est-ce que l'interjection? — 224.
5. Quelles sont les interjections qui marquent la douleur? — 224, 2°.
6. Que marque l'interjection *aïe*? — 224, 3°.
7. Quelle interjection marque la joie, l'admiration? — 224, 4°.
8. Quelles interjections marquent l'aversion, le silence? — 224, 5°.
9. Quelles interjections servent à appeler? — 224, 6°.
10. Quelles interjections marquent l'interrogation ou l'exhortation? — 224, 7°.

EXERCICES

Sur la Conjonction et l'Interjection.

(Faire surmonter les conjonctions ci-dessous d'un *c*; les locutions conjonctives de *l c* et les interjections de *in*.)

1. Tout annonce que Dieu existe. Soyez bons, si vous voulez être aimés. Le thermomètre mesure la chaleur comme le froid. Ah! que la vertu a de charmes. La faveur détruit ou rebute les talents. Le luxe amollit et corrompt les âmes. Quoique la vie soit bien courte, elle est cependant assez longue pour bien vivre. Celui qui a commis une faute, mais qui s'en repent, mérite de l'indulgence. Hé bien! vous ne répondez pas? Quand on est riche, il faut faire des heureux.

2. Ah! que je suis content de vous voir! Ce qui blesse la justice ne doit ni se conseiller ni s'exécuter. Dieu a créé le ciel ainsi que la terre. Hélas! que ces gens sont misérables! L'homme est si incertain de ses résolutions que tantôt il veut une chose et tantôt il en veut une autre. Tandis que tout change dans la nature, elle-même est immuable. Chut! votre mère dort, donc il faut craindre de la réveiller. Fi! que vous écrivez mal! Il ne faut être ni avare ni prodigue.

3. Nous ne devons pas être orgueilleux, car nous sommes nés faibles et dépourvus de toute capacité. Hélas! que ne puis-je venir au secours des malheureux,

ainsi que vous. Que d'hommes ont le cœur excellent, quoiqu'ils aient la tête mauvaise! La fortune, soit qu'elle se montre bonne ou mauvaise, ne peut rien sur l'âme du sage. Hélas! je ne puis rien pour vous consoler. Un état touche à sa fin quand on élève les mécontents au premier rang. Hélas! mon bonheur a disparu.

4. Ah! je reconnais bien votre bon cœur! Henri IV sera toujours cher aux Français, parce qu'il mettait son bonheur et sa gloire à rendre son peuple heureux. Dieu accorde le sommeil aux méchants afin que les bons aient quelques instants de tranquillité. Chut! on nous écoute. Aimez et pratiquez la vertu, puisqu'elle seule peut rendre heureux. Hé bien! quand me répondrez-vous, s'il vous plaît? On est aimé quand on est obligeant. Cet homme est bon, mais faible.

5. Nous serions plus heureux, si nous étions plus vertueux. Il faut que nous travaillions tandis que nous sommes jeunes, car si nous nous négligeons maintenant, nous aurons lieu de nous en repentir plus tard. Ah! que de remords occasionne à plusieurs la perte du temps, ainsi que le peu d'ordre qu'ils ont mis à régler leurs occupations! O juste ciel! quel effroyable malheur vous nous annoncez! Tandis que vous serez heureux, vous aurez des amis.

6. Grand Dieu! que d'hommes courent en aveugles

à leur perte éternelle ! Comme nous ne savons pas quand viendra notre dernière heure, il faut nous comporter chaque jour comme si nous devions mourir. Hélas ! que de réprouvés souffrent et se lamentent de ce qu'ils n'ont pas suivi cette règle du sage ! Hé bien ! soyons désormais sur nos gardes, de sorte que si la mort nous surprend, elle nous trouve préparés quand elle viendra.

ANALYSE.

Le temps est un fleuve rapide, mais qui tarira bientôt. Chargé de tous les êtres vivants, il les emporte pêle-mêle à travers des régions inconnues, et les jette çà et là sur ses bords. Où se précipite cette foule ? Jeunes et vieux se pressent et vont se perdre dans un commun abîme. Une invisible main les pousse vers un étroit passage qu'ils se hâtent de franchir. Au-delà que trouve-t-on ? Hélas ! ils le verront tout-à-l'heure ; à présent, ils n'ont pas le temps d'y penser.

Le	Art. simp., masc. sing., se rap. à *temps*.
temps	Nom com., masc. sing., suj. de *est*.
est	V. subst., au prés. de l'ind., 3e pers. sing.
un	Adj. num. card., masc. sing., se rap. à *fleuve*.
fleuve	Nom com., masc. sing., attribut du sujet du verbe *être*.
rapide,	Adj. qual., masc. sing., se rap. à *fleuve*.
mais	Conjonct.
qui	Pron. relat., remplaçant *fleuve*, masc. sing., suj. de *tarira*.
tarira	V. act., employé neutre, 3e pers. sing., au futur.
bientôt.	Adv. de temps, qui mod. *tarira*.

Chargé	Participe employé adj., masc. sing., se rap. à *fleuve*.
de	Préposition.
tous	Adj. dét., masc. plur., se rap. à *êtres*.
les	Art. simp., masc. plur., se rap. à *êtres*.
êtres	Nom com., masc. plur., rég. de la prép. *de*.
vivants,	Adj. verbal, masc. plur., se rap. à *êtres*.
il	Pron. pers., 3e pers., masc. sing., suj. de *emporte*.
les	Pron. pers., 3e pers. masc. plur., rég. dir. de *emporte*.
emporte	V. act. *emporter*, 1re conj., 3e pers. sing., au prés. de l'ind.
pêle-mêle	Locut. adv., qui mod. *emporte*.
à travers	Locut. prépositive.
des	Art. partitif, mis pour *quelques*, fém. plur., se rap. à *régions*.
régions	Nom com., fém. plur., rég. de la locut. prépos. *à travers*.
inconnues	Adj. qual., fém. plur., se rap. à *régions*.
et	Conjonction.
les	Pron. pers., 3e pers. masc. plur., rég. dir. de *jette*.
jette	V. act. *jeter*, 1re conj., au prés. de l'ind., 3e pers. sing.
çà	Adv. de lieu, qui mod. *jette*.
et	Conjonction.
là	Adv. de lieu, qui mod. *jette*.
sur	Préposition.
ses	Adj. pos., masc. plur., se rap. à *bords*.
bords.	Nom com., masc. plur., rég. de la préposition *sur*.
Où	Adv. de lieu, qui mod. *précipite*.
se	Pron. pers., 3e pers. fém. sing., rég. dir. de *précipite*.
précipite	V. pron. acc., formé de v. act., 1re conj., 3e pers. sing., au prés. de l'ind.
cette	Adj. démonst., fém. sing., se rap. à *foule*.
foule?	Nom com., fém. sing., suj. de *précipite*.
Jeunes	Adj. empl. comme nom com., masc. plur., suj. de *pressent*.

et	Conjonction.
vieux	Adj. empl. comme nom com., masc. plur., suj. de *pressent*.
se	Pron. pers., 3e pers. masc. plur., rég. dir. de *pressent*.
pressent	V. pron. accid. formé de verbe actif, 1re conj., 3e pers. plur., au prés. de l'ind.
et	Conjonction.
vont	V. neutre *aller*, 1re conj., 3e pers. plur., au prés. de l'ind.
se	Pron. pers., 3e pers. masc. plur., rég. dir. de *perdre*.
perdre	V. pron. accid., formé de v. act., 4e conj., au prés. de l'infinitif.
dans	Préposition.
un	Adj. num. card., masc. sing., se rap. à *abîme*.
commun	Adj. qual., masc. sing., se rap. à *abîme*.
abîme.	Nom com., masc. sing., rég. de la prép. *dans*.
Une	Adj. num. card., fém. sing., se rap. à *main*.
invisible	Adj. qual., fém. sing., se rap. à *main*.
main	Nom com., fém. sing., suj. de *pousse*.
les	Pron. pers., 3e pers., masc. plur., rég. dir. de *pousse*.
pousse	V. act. *pousser*, 1re conj., 3e pers. sing., au prés. de l'ind..
vers	Préposition.
un	Adj. num. card., masc. sing., se rap. à *passage*.
étroit	Adj. qual., masc. sing., se rap. à *passage*.
passage	Nom com., masc. sing., rég. de la préposition *vers*.
qu'	Pour *lequel passage*, pron. rel., masc. sing, rég. direct de franchir.
ils	Pron. pers., 3e pers. masc. plur., suj. de *hâtent*.
se	Pron. pers., 3e pers. masc. plur., rég. dir. de *hâtent*.

hâtent	V. pron. accid. formé de verbe act., 1re conj., 3e pers. plur., au prés. de l'ind.
de	Préposition.
franchir.	V. act., 2e conj., au prés. de l'infinitif, rég. dir. de la prép. *de*.
Au-delà	Locut. adv., qui mod. *trouve*.
que	Pron. indéf., masc. sing., rég. dir. de *trouve*.
trouve-	V. act. *trouver*, 1re conj., 3e pers. sing., au prés. de l'ind.
t-	Lettre euphonique.
on?	Pron. ind., masc. sing., suj. de *trouve*.
Hélas !	Interjection.
ils	Pron. pers., 3e pers. masc. plur., suj. de *sauront*.
le	Pron. pers., 3e pers. masc. sing., rég. dir. de *sauront*.
sauront	V. act. *savoir*, 3e conj., 3e pers. plur., au prés. de l'ind.
tout-à-l'heure ;	Locut. adv., qui modifie *sauront*.
à présent,	Locut. adv., qui mod. *penser*.
ils	Pron. pers., 3e pers. masc. plur., sujet de *ont*.
n'... pas	Adv. de négat., qui mod. *ont*.
ont	V. act. *avoir*, 3e conj., 3e pers. plur., au prés. de l'ind.
le	Art. simp., masc. sing., se rap. à *temps*.
temps	Nom com., masc. sing., rég. dir. de *avoir*.
d'	Pour *de*, préposition.
y	Pron. rel., mis pour *à cela*, masc. sing., rég. de la prép. qu'il renferme.
penser.	V. act., 1re conj., au prés. de l'inf., rég. de la prép. *de*.

COMPOSITION OU RÉCAPITULATION.

(Dans les exercices ci-dessous, faire surmonter chaque mot invariable de sa lettre initiale; les locutions adverbiales de *l a*; les locutions prépositives de *l p*; et les locutions conjonct. de *l c*.)

La plupart des hommes ne songent pas que la vie

s'écoule promptement. Rien n'est constant dans le monde : ni les santés les plus florissantes, ni les fortunes les mieux assurées. Les personnes riches ne sont pas toujours aussi heureuses qu'on le suppose. Hélas ! ayez pitié de nous que le malheur a accablés. Une personne parfaitement prudente ne dit rien sans y avoir réfléchi sérieusement. Il faut toujours se gouverner suivant le temps, et selon les personnes à qui l'on a affaire. Les hommes vivent comme si jamais ils ne devaient mourir.

2. Holà ! qui ose frapper si brusquement ? Traitez vos semblables comme vous voudriez qu'ils vous traitassent. A mesure que nous sommes heureux, nous voudrions l'être davantage. Ah ! qu'un ami est une douce chose ! L'Amérique a été découverte vers la fin du XVe siècle. A moins qu'un homme ne soit un monstre, le récit d'une grande infortune doit l'attendrir. L'homme en naissant a le sentiment du plaisir et de la douleur. Tout périt hors la gloire et surtout la vertu.

3. Dans l'administration des affaires, l'homme de bien craint toujours de s'occuper plus de sa gloire et de ses intérêts que de ceux de l'Etat. Dans la prospérité, il est agréable d'avoir un ami ; dans le malheur, c'est un besoin. Le mortel heureux contracte une dette envers

le malheur. Il n'y a pas d'offense que nous sentions plus vivement que le mépris. Hélas ! pourquoi la mort frappe-t-elle les gens vertueux? La justice fait naufrage où la haine domine. L'admiration et la reconnaissance déifièrent les mortels. La raison, ainsi que la foi, nous révèle l'existence d'un Dieu. C'est lorsqu'on est dans la prospérité qu'il faut se préparer à l'adversité.

4. Faites du bien à vos semblables, non pour en tirer quelque avantage, mais pour remplir les devoirs qu'imposent la religion et l'humanité. Ah ! qu'il est doux de soulager l'infortune ! Auguste régna quarante ans avant J.-C. Et le riche et le pauvre, et le faible et le fort sont sujets à la mort. Composez lentement vos ouvrages et corrigez-les sans cesse. Je doute qu'on puisse être heureux quand on a une faute à se reprocher. Hé bien ! pourquoi gardez-vous le silence? La vertu sous le chaume attire nos hommages.

5. Les méchants sont punis ou sont toujours dans la crainte d'être punis. C'est un défaut de consacrer beaucoup de temps à des choses difficiles et sans utilité. L'homme fait l'éloge de la pauvreté et du désintéressement, et cependant il est avare de richesses et d'honneurs. Nous nous trompons sur le compte des autres, parce que notre imagination nous les peint autrement qu'ils ne sont. Mes dispositions étaient faites lorsque

[c]vos amis arrivèrent ; [a]mais je ne pus les accompagner, [c]car je fus [a]subitement pris [p]d'un violent mal de [p]tête.

6. [c]Si je savais [c]que le temps ne [a]changeât pas, [a]j'irais [l]vous voir, [c]parce que j'ai des nouvelles [p]à vous commu-niquer. [c]Louis et son frère m'accompagneront : [c]ni l'un ni [c]l'autre cependant ne se [a]soucient de [p]faire le voyage. [c]Quoique le ministre protége les gens de [p]lettres, je n'[a]ose compter [p]sur ses faveurs ; pourtant plusieurs y [c]comptent, vous le premier, Monsieur, malgré votre [p]expérience. La basilique [p]de Saint-Pierre, [p]à Rome, est admirée. [in]Oh! quel beau monument! Quelle lâcheté! [in]fi [p]d'une telle conduite. [in]Ho! [in]ho! je n'y [a]prenais pas [a]garde.

CHAPITRE X.

DE L'ORTHOGRAPHE.

QUESTIONS SUR CE CHAPITRE.

1. Qu'est-ce que l'orthographe? — 225.

2. Qu'est-ce que les lettres, et qu'est-ce que les signes orthographiques? — 225 *bis*.

3. Qu'appelle-t-on mots primitifs et mots déri-vés? — 226.

4. Qu'indiquent les mots dérivés? — 226 *bis*.

5. Qu'y a-t-il à remarquer pour les verbes en *quer*? — 227.

6. Qu'y a-t-il à remarquer pour les noms en *is*?—228.

7. Qu'y a-t-il à remarquer pour les noms terminés par *ention* et *ension*? — 229.

8. Qu'y a-t-il à remarquer pour les noms terminés par *xion* et *ction*? — 230.

9. Qu'y a-t-il à remarquer pour les noms terminés par *eur*? — 231.

10. Quelle consonne emploie-t-on devant *b* et *p*? — 232.

11. Quand se doublent les consonnes *B*, *D* et *G*? — 233, 234, 235.

12. Dans quels mots se doublent *C*, *F*, *L*, *M*? — 236.

13. Quand est-ce que les consonnes ne se doublent pas? — 237.

14. Quels mots commencent par une majuscule? — 238.

15. Après quelle ponctuation s'emploie la majuscule? — 238. 3°, 4°.

16. Qu'y a-t-il à remarquer lorsque les phrases interrogatives sont sous un même régime, et les phrases exclamatives sur un même sujet? — 239.

17. Quels noms commencent par une majuscule? — 238. 5°, 6°, 7°.

18. Dans quel cas met-on une minuscule à *Français*, *Romain*, etc.? — 240.

19. Quand est-ce que les noms d'êtres moraux prennent une majuscule? — 238. 8°.

20. Qu'y a-t-il à remarquer pour les noms *nord*, *midi*, etc.? — 241, 242.

21. Combien y a-t-il de sortes d'accents et quand emploie-t-on l'accent aigu? — 243.

22. Quand s'emploie l'accent grave? — 244. 1°, 2°, 3°, 4°.

23. Quand l'*e* ouvert cesse-t-il de prendre l'accent grave? — 245, 246.

24. Quand emploie-t-on l'accent circonflexe? — 247. 1°, 2°, 3°, 4°.

25. Que marque l'apostrophe? — 249.

26. Quand remplace-t-on l'*e* par un apostrophe dans *lorsque*, *puisque*, *quoique*? — 250. 1°.

27. Quand remplace-t-on l'*e* par un apostrophe dans *entre*, *presque*, *quelque*? — 250. 2°, 3°, 4°.

28. Dans quels mots se supprime encore l'*e*? — 250. 5°.

29. Quand *i* se remplace-t-il par l'apostrophe? — 250. 5°.

30. Qu'est-ce que la cédille ? — 251.

31. Qu'est-ce que le tréma ? — 252.

32. Quels mots s'écrivent avec le tréma ? — 253, 254.

33. A quoi sert le trait d'union ? — 255.

34. Quand s'emploie le trait d'union ? — 256. 1º, 2º, 3º, 4º, 5º, 6º.

35. Dans quel cas emploie-t-on deux traits d'union ? — 257.

36. Faut-il confondre *t* euphonique avec *t'* apostrophe pronom ? — 258.

37. Qu'est-ce que la parenthèse ? — 260.

EXERCICES

Sur les mots primitifs, les mots dérivés et les finales de certains noms.

1º (Dicter des mots primitifs et faire les élèves chercher leurs dérivés).

MOTS PRIMITIFS.	MOTS DÉRIVÉS.
Accroc.	Accroche, accrochant, accrochement, accrocher.
Abus.	Abuser, abusif, abuseur, abusivement.
Académie.	Académicien, académique, académiquement, académiste.
Accès.	Accessible, accessibilité.
Acquit.	Acquittable, acquittement, acquitter.
Action.	Actionnaire, actionner.
Afrique.	Africain, *exception*.
Amérique.	Américain, *exception*.
Absous.	Absoute, *exception*.
Abri.	Abriter, *exception*.
Babil.	Babillage, babillard.
Badin.	Badinage, badiner, badinerie.
Banni.	Bannir, bannissable, bannissement.
Bavard.	Bavardage, bavarder, bavarderie.
Calme.	Calmant, calmé.
Camp.	Campement, camper.

Débarras.	Débarrasser, débarrassement.
Débit.	Débitant, débiter, débiteur.
Début.	Débutant, débuter.
Dépôt.	Déposer, déposant, dépositaire, *except.*
Décor.	Décorateur, décoration, décorer.
Don.	Donner, donation, donateur, donatrice, *exception.*
Embarras.	Embarrasser, embarrassant.
Enivrement.	Enivrant, enivré.
Entrepôt.	Entreposer, entreposeur, *exception.*
Fabrique.	Fabricant, fabricateur, fabriquer, fabrication, *exception.*
Fainéantise.	Fainéanter, fainéant.
Favori.	Favorite, favoriser, *exception.*
Farce.	Farcer, farceur.
Geste.	Gesticulateur, gesticulation, gesticuler.
Goût.	Goûté, goûter.
Harmonie.	Harmonier, harmonieusement, harmonieux, harmonique, harmoniquement, harmoniste.
Honneur.	Honorer, honorable, honorifique, *except.*
Idiot.	Idiotisme.
Immutabilité.	Immuable, immuablement.
Intérêt.	Intéresser, intéressant, intéressé, *exception.*
Jardin.	Jardinier, jardiner, jardinage, jardinal, jardinet.
Labour.	Labourer, labourable, labourage, laboureur.
Mort.	Mortuaire, mortalité, mortel, mortellement.
Négoce.	Négociable, négociant, négocier, négociation.
Orient.	Oriental, orienter, orientaliste.
Part.	Partage, partageable, partageant, partager.
Public.	Publication, publiciste, publicité, publier, publiquement, *exception.*
Qualification.	Qualificatif, qualifié.
Rapport.	Rapportable, rapporté, rapporteur.
Relais.	Relayer, *exception.*

République.	Républicain, *exception*.
Sabbat.	Sabbatique, sabbatiser.
Trésor.	Trésorier, trésorerie, thésauriser, *exception*.
Unanime.	Unanimement, unanimité.
Verd.	Verdâtre, verdoyant, verdoyer, verdure.
Zodiaque.	Zodiacal, *exception*.

2° DICTÉE. — Avez-vous vu le charmant croquis que ce peintre nous a envoyé. La dimension de cet appartement ne m'a pas paru la même qu'à première vue. Les larmes du pénitent inondaient le saint parvis. Une vive appréhension se peignait sur les traits du condamné. Le manque de réflexion est la cause d'une grande partie des fautes que nous commettons. Apportez toute votre attention à vos devoirs et vous les ferez correctement. On nous a servi à déjeûner des radis, rareté de la saison. Un moment d'expansion entre les deux amis a effacé le nuage qui avait menacé de les brouiller. La demeure que nous habitons sur la terre n'est pas permanente. Ayons une bonne direction d'intention en faisant nos actions les plus communes, et elle concourront à la gloire de Dieu. Une belle bonbonnière, d'excellents bonbons te sont promis par ton grand père, petite Marie, si tu veux lui rendre compte des explications que tes maitresses t'ont faites.

EXERCICES

Sur la réduplication des Consonnes.

3° Cet édifice en ruine est une ancienne abbaye ; les alentours en sont ravissants. L'ancien sabbat des Juifs a été remplacé par le dimanche. Gamaliel était un illustre rabbin auprès duquel Saul, plus tard S. Paul, avait appris la loi mosaïque. Additionnez ces nombres, et vous aurez le résultat des folles dépenses que vous avez faites pendant l'année qui vient de s'écouler. Suggérer de bonnes pensées à celui qui ne réfléchit pas, est une action méritoire. On aggrave ses torts en les niant, en les excusant. Évitez les occasions dangereuses. Vous avez été, dites-vous, témoin oculaire des faits qui se sont passés. Allez trouver un habile oculiste; et il vous dira ce que vous devez faire pour votre mauvaise vue. L'affection qu'un ami nous montre dans le malheur, adoucit notre infortune. L'Afrique est exposée directement aux rayons du soleil. Efforce-toi de te rendre digne de l'estime de tes maîtres. Éfaufile ce morceau de toile.

4° *Suite*. — La diffusion dans le style est un grand défaut. Pleurons nos offenses et Dieu nous les pardonnera. Suffit-il que nous soyons vertueux en face des hommes? Non; soyons-le surtout entre Dieu et nous. Que d'illusions nourrit la jeunesse. Notre navire aborda dans une île enchanteresse où nous restâmes pendant deux jours. En excitant notre commisération, ces malheureux nous obligèrent à les secourir. Avez-vous vu la belle comète qui a apparu ces jours derniers. La comédie est faite pour faire rire. Nous avons été dans un danger imminent. Le plus suave et le plus beau de tous les livres, après l'Écriture sainte, n'est-ce pas l'Imitation? L'âme de l'homme est créée à l'image de Dieu; elle est spirituelle et immortelle. Sème dans les larmes pour moissonner dans la joie. Tu as mérité le blâme de toutes les personnes qui ont connu ta conduite. Ces diamants sont artistement enchâssés. Quantité de jeunes personnes, entraînées par leur légèreté oublient les bons principes qu'elles reçurent dans leur enfance. L'ennui ne respecte pas l'homme que les honneurs et les richesses environnent.

EXERCICES

Sur l'emploi des Majuscules.

5° Le royaume du ciel s'emporte de vive force, et les courageux seuls le ravissent.

Au banquet de la vie, infortuné convive,
J'apparus un jour, et je meurs;
Je meurs, et sur ma tombe où lentement j'arrive,
Nul ne viendra verser des pleurs.

Notre salut a coûté à J.-C. tout son sang : n'est-il pas juste qu'il nous coûte aussi quelque chose? Si la lutte de la vie pèse trop lourdement sur nos cœurs, écoutons ces paroles de Jésus : « Venez à moi, vous tous qui souffrez et qui êtes chargés, et je vous soulagerai. » Que veux-tu que je te raconte aujourd'hui? — Une histoire, me réponds-tu. Eh bien, assieds-toi et commençons. Heureux celui qui, à l'époque de la vieillesse, compte autant d'actions méritoires que de jours de vie !

6° *Suite.* — Faut-il vous dire ce que nous avons fait aujourd'hui? quelle a été notre leçon? quel devoir nous avons corrigé? quelle page nous avons écrite? Déjà l'astre du jour commençait à répandre ses premiers rayons! qu'il était beau à son levant! qu'il était radieux dès le commencement de sa course. Quelqu'un passa par ici et dit en voyant jouer ces enfants : Qu'ils ont l'air de s'aimer. Oh! quelle douleur m'a saisi! mon Dieu! mon Dieu! ne m'abandonnez point! Adorons Dieu, il est notre Créateur. Le Tout-Puissant, le Créateur n'a-t-il pas droit à nos hommages? ne lui devons-nous pas tout notre amour? Les païens attribuaient à leurs dieux des vices qui déshonorent les hommes.

7° Aristide se dévoua pour sa patrie. Les Romains furent un peuple de conquérants. Alexandre, comme tous les princes ambitieux, fut sujet à bien des défauts. Socrate mourut en recevant de ses amis la coupe empoisonnée. Le Gange est un des plus grands fleuves de l'Asie. Les Calvinistes sont les partisans de l'hérétique Calvin. Nous avons vu hier une jeune Anglaise arrivée très-nouvellement de Londres. Les Asiatiques passent pour être plus mous que les Européens, et les Français pour être plus spirituels que les Anglais. L'empire russe est plus étendu que la France et l'Espagne réunies. Bossuet, Massillon, Bourdaloue et Racine étaient des grands hommes. Les Carthaginois et les Romains ont été longtemps en guerre.

8° On dit que la Fortune a des temples à Surate. Qui

ne hait la médisance avec sa langue de fiel. C'est un odieux défaut que la médisance. La fortune ne fait pas toujours le bonheur. Vos parents viendront nous voir lundi très-probablement. L'aiguille de la boussole s'agite toujours jusqu'à ce qu'elle ne se soit tournée vers le nord ; c'est l'image de notre âme qui ne peut trouver de repos qu'en Dieu. A la naissance de Jésus, tous les peuples avaient les yeux tournés vers l'Orient, c'est de là que l'on attendait le libérateur promis. Les Etats-Unis de l'Amérique du Nord se sont affranchis de toute domination étrangère. Les Israélites, poursuivis par Pharaon, passèrent la mer Rouge à pied sec. Le mois de juillet porte le signe du lion, figure de la force de la chaleur.

EXERCICES

Sur les Accents et les Signes orthographiques.

Votre entreprise a eu du succès ; là nôtre a échoué. On vous a défendu d'aller là. Où pourra-t-on vous trouver tantôt ? Marc-Aurèle, le philosophe, était un empereur romain. Notre âme a été régénérée par le baptême. Que ce vieillard est vénérable. C'est un prône à ne jamais finir. Cet enfant était un fruit mûr pour le ciel. Un bon pasteur a soin de paître ses brebis. Il ne suffit pas de paraître homme de bien, il faut l'être effectivement. Je suis sûr qu'il a dit la vérité. Mon attachement vous est dû. Nous n'assurâmes pas que cette somme fût due à votre oncle. Où vas-tu nous réduire, amitié fraternelle ?

Quelque étourdis que soient les enfants, ils apprennent facilement leurs leçons, quoiqu'ils ne les étudient guère. Il faut s'accoutumer à l'obéissance lorsqu'on est jeune. Quoiqu'il y ait bien des méchants, cela n'empêche pas les bons de prospérer. La Suède est une grande presqu'île. Les hommes doivent s'entr'aider. Quoique Alexandre fût un grand roi, il n'a pas rendu ses peuples heureux. Le calomniateur s'est tu ; il n'a pas répliqué un seul mot. Quelque infortuné que l'on soit, on trouve toujours des gens plus malheureux qu'on ne l'est soi-même. Puisque en étudiant on se procure tant de jouissances pures, pourquoi préférer le jeu à l'étude?

Le plus frivole prétexte suffit souvent pour que des amis s'entr'égorgent. Quelque instruction que vous possédiez, n'en tirez pas vanité. On a souvent tort par la façon dont on a raison. Le commencement de ce règne s'annonça d'une manière brillante. Nous aperçumes des vaisseaux qui se dirigeaient vers nous. Vous avez le goût délicat et l'ouïe bonne. Socrate fut condamné à boire la ciguë. Saül fut le premier roi d'Israël. La Normandie est contiguë à la Bretagne. L'égoïsme étouffe tous les bons sentiments. La parole ambiguë que vous avez prononcée l'autre jour a donné lieu à plus d'un commentaire.

D'après la chronologie des Bénédictins, la création du monde a précédé la naissance de N. S. J.-C. de quatre mille neuf cent soixante-trois ans; mais d'après celle de Bossuet, on ne compte que quatre mille ans. Quelque chose que tu fasses, donnes-y toute ton attention et tous tes soins. Il y a de bon fil chez votre tante; faites-en demander. Ta mère a de belles plumes; demandes-en; mais quand tu les auras reçues, essaie-les, et dis-moi si tu les trouves bonnes. Si quelqu'un te rend un service, rends-le lui avec empressement. Lyon est le chef-lieu du département du Rhône. L'odorat est l'avant-coureur du goût. Lorsque tu reçois un bienfait, gardes-en le souvenir. Qu'avez-vous là? Ce palais est un chef-d'œuvre d'architecture. Les plates-formes ne sont pas communes dans ces pays-ci. Où vas-tu? Le général est logé vis-à-vis de l'église. Que pensent ces jeunes gens insignifiants? les remarque-t-on seulement? Va-t'en me chercher ce que tu m'as promis; apporte-le moi bien vîte. Allons-nous en, pauvres misérables. Qu'a-t-on dit de moi? Oserai-je vous le rapporter? Celui-ci et celle-là ont des torts. Cet homme-ci est très-souvent pris; celui-là est plus rusé. Celui qui est mû dans toutes ses actions par des motifs surnaturels, s'enrichit journellement de mérites; une grande récompense lui sera donnée.

Quoique Alexandre ait été un des plus grands capitaines qui aient existé, quoiqu'on ait fait de lui les plus grands éloges, il paraît avoir eu des défauts bien avilissants, puisqu'il était sujet, entre autres choses, à l'intempérance. On place le commencement de l'Histoire moderne à la prise de Constantinople par Mahomet II, l'an mil quatre cent cinquante-trois de J.-C. Mesdemoiselles, il serait plus honnête de s'entr'aimer comme des sœurs que de s'entr'accuser comme vous le faites; c'est à grand'peine si vous pouvez vous entr'obliger un peu.

Ma fille, disait l'autre jour à Marie-Louise, sa vieille grand'mère, va-t'en me cueillir quelques fraises, apportes-en moi tout de suite, et garde-toi bien de manger les plus belles. Jeanne-Marie a passé quatre-vingt-dix jours à faire un petit tableau; elle n'a pas pour cela produit un chef-d'œuvre. Votre sœur obtiendra-t-elle plusieurs prix? Quelque appliquée qu'elle soit, je crois qu'il y a dans sa classe quelqu'un qui la devancera très-prochainement; faites-la partir au plus tôt pour la leçon d'aujourd'hui. Me réunirai-je bientôt à ceux que je pleure? Serai-je bientôt sûr de la béatitude éternelle?

ANALYSE.

Une jeune fille qui a reçu la grâce insigne d'avoir été instruite de bonne heure sur les vérités de la foi, et sur les préceptes de la morale évangélique, doit être capable de vaincre ses mauvaises inclinations, de triompher des difficultés qu'elle peut rencontrer dans la pratique du bien, de se soutenir dans les épreuves qui viennent s'offrir à elle, et d'honorer sa carrière par la fidélité à ne passer aucun jour sans ajouter une nouvelle perle à la couronne de gloire réservée aux fidèles serviteurs. Hélas! que l'on est à plaindre quand on

perd un temps infiniment précieux , qui peut nous valoir un éternel bonheur.

Une	Adj. num. card., fém. sing., se rap. à *fille*.
jeune	Adj. qual., fém. sing., se rap. à *fille*.
fille	Nom com., fém. sing., suj. de *doit*.
qui	Pron. rel., mis pour *laquelle fille*, fém. sing., suj. de *a reçu*.
a reçu	V. act. *recevoir*, 3e conj., 3e pers. sing., au passé ind.
la	Art. simp., fém. sing., se rap. à *grâce*.
grâce	Nom com., fém. sing., rég. dir. de *a reçu*.
insigne	Adj. qual., fém. sing., se rap. à *grâce*.
d'	Pour *de*, préposition.
avoir été	V. subst. *être*, au passé de l'inf., rég. de la prép. *de*.
instruite	Part. empl. adj., fém. sing., se rap. à *fille*.
de bonne heure	Locut. adv. qui mod. *avoir été instruite*.
sur	Préposition.
les	Art. simp., fém. plur., se rap. à *vérités*.
vérités	Nom com., fém. plur., rég. de la prép. *sur*.
de	Préposition.
la	Art. simp., fém. sing., se rap. à *foi*.
foi,	Nom com., fém. sing., rég. de la prép. *de*.
et	Conjonction.
sur	Préposition.
les	Art. simp., masc. plur., se rap. à *préceptes*.
préceptes	Nom com., masc. plur., rég. de la préposition *sur*.
de	Préposition.
la	Art. simp., fém. sing., se rap. à *morale*.
morale	Nom com., fém. sing., rég. de la prép. *de*.
évangélique	Adj. qual., fém. sing., se rap. à *morale*.
doit	V. act. *devoir*, 3e conj., 3e pers. sing., au prés. de l'ind.
être	V. subst., au prés. de l'inf., rég. direct de *doit*.

capable	Adj. qual., fém. sing., se rap. à *fille*.
de	Préposition.
vaincre	V. act., 4ᵉ conj., au prés. de l'inf., rég. de la prép. *de*.
ses	Adj. poss., fém. plur., se rap. à *inclinations*.
mauvaises	Adj. qualific., fém. plur., se rap. à *inclinations*.
inclinations,	Nom com., fém. plur., rég. direct de *vaincre*.
de	Préposition.
triompher	V. neutre, 1ʳᵉ conj., au prés. de l'inf., rég. de la prép. *de*.
des	Art. comp., fém. plur., se rap. à *difficultés*.
difficultés	Nom com., fém. plur., rég. de la prép. *de* dans l'art. comp. *des*.
qu'	Pour *que*, pron. rel. à *difficultés*, fém. plur., rég. dir. de *rencontrer*.
elle	Pron. pers., 3ᵉ pers. fém. sing., suj. de *peut*.
peut	V. act. *pouvoir*, 3ᵉ conj., 3ᵉ pers. sing., au prés. de l'ind.
rencontrer	V. act., 1ʳᵉ conj., au prés. de l'inf., rég. dir. de *peut*.
dans	Préposition.
la	Art. simp., fém. sing., se rap. à *pratique*.
pratique	Nom com., fém. sing., rég. de la préposition *dans*.
du	Pour *de le*, art. comp., masc. sing., se rap. à *bien*.
bien,	Nom com., masc. sing., rég. de la prép. *de* dans l'art. comp. *du*.
de	Préposition.
se	Pron. pers., 3ᵉ pers. fém. sing., rég. dir. de *soutenir*.
soutenir	V. pron. accid. formé de verbe act., 2ᵉ conj., au prés. de l'inf., rég. de la prép. *de*.
dans	Préposition.
les	Art. simp., fém. plur., se rap. à *épreuves*.

épreuves	Nom. com., fém. plur., rég. de la préposition *dans*.
qui	Pron. rel. à *épreuves*, fém. plur., suj. de *viennent*.
viennent	V. neutre *venir*, 2ᵉ conj., 3ᵉ pers. plur., au prés. de l'ind.
s'	Pour *se*, pron. pers., 3ᵉ pers. fém. plur., rég. dir. de *offrir*.
offrir	V. pron. accid. formé de verbe act., 2ᵉ conj., au prés. de l'inf., rég. de la prép. *pour* sous-entendue.
à	Préposition.
elle,	Pron. pers., 3ᵉ pers. fém. sing., rég. de la prép. *à*.
et	Conjonction.
d'	Pour *de*, préposition.
honorer	V. act., 1ʳᵉ conj., au prés. de l'inf., rég. de la prép. *de*.
sa	Adj. pos., fém. sing., se rap. à *carrière*.
carrière	Nom com., fém. sing., rég. de *honorer*.
par	Préposition.
la	Art. simp., fém. sing., se rap. à *fidélité*.
fidélité	Nom com., fém. sing., rég. de la préposition *par*.
à	Préposition.
ne	Adv. de négat., qui modifie *passer*.
passer	V. neutre, 1ʳᵉ conj., au prés. de l'inf., rég. de la prép. *à*.
aucun	Adj. ind., masc. sing., se rap. à *jour*.
jour	Nom com., masc. sing., rég. d'une prép. sous-entendue.
sans	Préposition.
ajouter	V. act. *ajouter*, 1ʳᵉ conj., au prés. de l'inf., rég. de *sans*.
une	Adj. num. card., fém. sing., se rap. à *perle*.
nouvelle	Adj. qual., fém. sing., se rap. à *perle*.
perle	Nom com., fém. sing., rég. dir. de *ajouter*.
à	Préposition.
la	Art. simp., fém. sing., se rap. à *couronne*.
couronne	Nom com., fém. sing., rég. de la prép. *à*.

de	Préposition.
gloire	Nom com., fém. sing., rég. de la prép. *de*.
réservée	Part. empl. adj., fém. sing., se rap. á *couronne*.
aux	Pour *à les*, art. comp., masc. plur., se rap. à *serviteurs*.
fidèles	Adj. qual., masc. plur., se rap. à *serviteurs*.
serviteurs.	Nom com., masc. plur., rég. de la prép. *à* dans l'art. comp. *aux*.
Hélas !	Interjection.
qu'	Pour *combien*, adv. de quantité, qui mod. *plaindre*.
on	Pron. ind., masc. sing., suj. de *est*.
est	V. subst. *être*, 3e pers. sing., au prés. de l'ind.
à	Préposition.
plaindre	V. neutre, 4e conj., au prés. de l'inf., rég. de la prép. *à*.
quand	Conjonction.
on	Pron. ind., masc. sing., suj. de *perd*.
perd	V. act. *perdre*, 4e conj., au prés. de l'ind., 3e pers. sing.
un	Adj. num. card., masc. sing., se rap. à *temps*.
temps	Nom com., masc. sing., rég. dir. de *perd*.
infiniment	Adv. de quantité, qui mod. *précieux*.
précieux	Adj. qual., masc. sing., se rap. à *temps*.
qui	Pron. rel. à *temps*, masc. sing., suj. de *peut*.
peut	V. act. *pouvoir*, 3e conj., 3e pers. sing., au prés. de l'ind.
nous	Pour *à nous*, pron. pers., 1re pers. masc. plur., rég. de la prép. qu'il renferme.
valoir	V. neutre employé activ., 3e conj., au prés. de l'inf., rég. dir. de *peut*.
un	Adj. num. card., masc. sing., se rap. à *bonheur*.
éternel	Adj. qual., masc. sing., se rap. à *bonheur*.
bonheur.	Nom com., masc. sing., rég. dir. de *valoir*.

RÉCAPITULATION OU COMPOSITIONS.

1° QUESTIONS. — 1. Quand la lettre *h* est-elle muette ou aspirée? — 2. Quels sont les noms pluriels en *aux* qui n'ont pas cette terminaison précédée d'un *e*? — 3. Combien avons-nous d'articles en français? — 4. Combien les adjectifs marquent-ils de degrés de signification? — 5. Comment distingue-t-on *y* pronom de *y* adverbe? — 6. Combien y a-t-il de sortes de verbes? — 7. A l'aide de quoi s'explique la présence de deux *e* de suite, dans les verbes terminés en *éer*? — 8. Comment se termine le présent de l'indicatif au singulier? — 9. Qu'y a-t-il à remarquer lorsque le participe passé est suivi d'un infinitif ou que le sens indique qu'il y a un infinitif sous-entendu? — 10. Quels sont les adverbes de manière? — 11. Quelles sont nos prépositions? — 12. Qu'est-ce que la conjonction? — 13. Quelles interjections marquent la joie, l'admiration? — 14. Qu'y a-t-il à remarquer pour les verbes en *quer*? — 15. Quand l'*e* ouvert cesse-t-il de prendre l'accent grave?

EXERCICE

Sur la formation du Pluriel dans les Noms.

2° (Dicter le singulier des noms suivants et en faire former le pluriel.)

Animal, couteau, bijou, armoire, portail, confessionnal, émail, bocal, crucifix, désir, bal, bandeau, landau, aloyau, clou, sou, repas, général, chapeau, gruau, souris, corail, aïeul, chanson, fourreau, local, piédestal, travail.

EXERCICE

Sur l'Article.

3° (Faire souligner d'une barre les articles simples, et de deux barres les articles composés.)

Le clou. L'animal. L'hospice. Des enfants. Les

accents. L'âme. La pénétration de l'esprit de l'homme. La puissance du créateur. La douceur du caractère. L'amour du mépris et des souffrances. L'application aux sciences et aux travaux. Désir de la vertu. Guerre à la paresse, à la nonchalance, aux mauvaises inclinations du cœur de l'homme. L'horreur des passions. Le palais des princes. La chaumière du pauvre. Des fruits de l'Amérique et des Indes. Du poisson de la rivière. Du soleil et de la pluie aux laboureurs. De la patience et du courage aux exilés de la patrie. Des jouissances, du bonheur et la possession du ciel. Résignation aux épreuves et aux croix. L'arrivée des élèves. L'ouverture des classes. Le commencement de la grammaire et de l'arithmétique. L'ardeur du travail. La ferveur de la dévotion aux élèves de la classe. De la docilité aux explications et aux conseils des maîtresses.

EXERCICE

Sur la Formation du Féminin dans les Adjectifs.

4º (Dicter les adjectifs suivants et en faire former le féminin.)

Méchant, respecté, fier, élevé, libéral, haï, habile, bizarre, vilain, niais, continuel, matériel, magicien, fripon, citoyen, brunet, nul, violet, sot, discret, paysan, épais, gentil, bas, tiers, plaintif, creux, bleu, beau, vieux, nouveau, blanc, grec, favori, frais, malin, devin, aigu, chicaneur, menteur, exécuteur, buveur, directeur, quêteur, consolateur, intérieur, meilleur, serviteur, ambassadeur, professeur, grognon, aquilin, faux, spirituel, écolier.

EXERCICES
Sur le Pronom.

5° (Faire souligner les pronoms que renferment les phrases suivantes).

Lequel de ces deux livres préférez-vous ? celui-ci ou celui-là ? Ces petites filles sont bien dissipées, elles ne font aucune attention à ce que je leur recommande ; leur continuelle désobéissance m'afflige et me déconcerte ; mais celles que je vis l'autre jour dans un pensionnat comme celui-ci, s'appliquaient à leurs devoirs, et avaient une piété angélique ; aussi leurs maîtresses en étaient-elles très-satisfaites. La messe sonne ; j'y vais avec bonheur ; je désire y prier avec ferveur. Nul ne recueillera que ce qu'il aura semé. Nulle paix pour l'impie : il la cherche et elle le fuit. Quiconque est trop content de soi, n'est jamais content de personne. On ne surmonte le vice qu'en le fuyant. Les hommes, au lieu de se haïr, devraient s'aimer les uns les autres. Le vrai bien n'est qu'au ciel ; il le faut acquérir. La belle fête de Noël approche : efforçons-nous d'en retirer tous les biens spirituels qui nous sont offerts.

EXERCICES
Sur le Verbe.

6°. — 1. (Faire surmonter dans le devoir suivant, les sujets d'un *s* et les régimes d'un *r*, et les différentes espèces de verbes de leurs initiales.)

Je vous répète depuis ce matin que vous ne saurez point votre leçon ce soir, si vous ne l'étudiez. Cet homme hait son frère : c'est en vain qu'hier nous le priions de lui pardonner ; il resta sourd à nos supplications et à nos prières. Aimons Dieu et pratiquons la vertu qui seule fait le bonheur de l'homme. Ce sont des *originals* (originaux) que vos deux oncles ; ils se sont fâchés plus de mille fois ensemble, et ils finissent toujours par se raccommoder.

2. DICTÉE. — Dieu appela les eaux pour punir la terre couverte de crimes. On n'est pas digne de régner, quand on ne règne pas sur soi-même. Nous cueillerons des fleurs fraîches quand nous irons à la promenade. Il faut que nous travaillions de bonne heure à notre sanctification. Les draps blancs et bleus que vous vendez si cher, sont vilains et salissants. Les étoiles qui étincellent avec tant d'éclat, sont autant de soleils que la main de Dieu a répandus dans les cieux. Agrée cette offrande de ta vieille amie. Les belles actions valent mieux que les grands talents ; et la bonne conduite rachette avantageusement les défauts de la figure la plus disgrâciée. Les fléaux les plus affligeants pour l'humanité sont les guerres sanglantes, les pestes générales et les famines accompagnées des maux qui les suivent. L'ignorance et la folie croient tout savoir : l'une et l'autre sont orgueilleuses. Le véritable mérite est modeste. Les enfants qui se montrent dociles à la voix de leurs parents emploient bien le temps.

3. SUITE. — Si vous êtes sages, je vous dirai une jolie histoire qui vous égayera beaucoup. Les oiseaux, par leurs chants, paient à Dieu un tribut de reconnaissance : nous, non plus, ne soyons pas muets. Heureux celui qui sert le Seigneur, qui emploie fidèlement tous les moments de sa vie, et qui, faisant pénitence, paie ses dettes à la justice divine : il jette en terre une abondante semence ; il recueillera, avec une consolation infinie,

une belle moisson au ciel. Dieu nous attend et nous appelle : s'il nous humilie, il nous élèvera un jour ; s'il nous afflige, il essuiera plus tard nos pleurs. Le printemps renaît ; nous devons aussi renaître à la grâce. Si nous priions avec ferveur, si nous nous attachions à imiter J.-C., les vertus chrétiennes fleuriraient en nous, et nous serions sûrs de parvenir à la gloire éternelle.

4. SUITE. — Rien ne me touche plus que le petit oiseau qui célèbre les louanges de son créateur. A peine l'aurore paraît, que l'allouette vigilante a entonné ses joyeux chants. Bientôt mille autres musiciens viennent lui faire concurrence. De toutes parts résonnent ou les accents de la joie, ou les complaintes de la tristesse ; et le jour entier s'écoule sans que ces harmonieux concerts soient un intant interrompus. Quand l'astre du jour est descendu sous l'horizon, que la nature est couverte d'un voile sombre, et que les autres oiseaux se livrent à un repos mérité, le rossignol élève la voix. Il loue Dieu pour tous les êtres que le sommeil a engourdis ; et il y a dans son chant tant de suavité qu'on passerait des nuits entières à savourer cette délicieuse mélodie.

5° CONJUGAISON. — (Faire conjuguer la deuxième personne pluriel du conditionnel présent des verbes qui suivent.) céder, valoir, acquérir, cueillir, courir, relever, conclure, pouvoir, voir.

La deuxième personne pluriel du présent de l'indic. des verbes interdire, surfaire, défaire, médire, prédire.

La troisième personne pluriel du présent du subj. des verbes acquérir, mourir, tolérer, croire, voir, appeler, conclure, coudre, vouloir, valoir, fuir.

La première personne sing. du présent de l'indicatif des verbes céder, feuilleter, répéter, planchéyer, cueillir, tressaillir, voir, vaincre, joindre.

La deuxième personne singulier du futur des verbes aller, envoyer, acquérir, mourir, déchoir, voir, faire, vaincre.

La troisième personne sing. du présent du subj. des verbes mouvoir, pouvoir, tenir, déchoir, retenir, acquérir.

La première personne plur. de l'imparfait du subj. des verbes bégayer, recréer, adoucir, percevoir, peindre, confondre, s'asseoir, valoir, suffire, nuire.

La deuxième personne plur. du présent du subj. des verbes rire, ragréer, aller, acquérir, mouvoir, tenir, venir, mourir, prévaloir, boire.

La troisième personne pluriel du futur des verbes décéder, étiqueter, tenir, voir, croître, boire, faillir, taire.

EXERCICES

Sur le Participe.

7° (On aura soin de faire rendre compte de toutes les règles de participe que renferment ces devoirs.)

1. Les arsenals (arsenaux) que nous avons visités, nous ont offert beaucoup de choses curieuses. Nous n'avons pu que nous extasier devant les merveilles qui se sont offertes à nos yeux et qui nous ont paru toutes dignes d'attention. Les hôpitaux que nous avons parcourus sont remplis de malades : toutes les infirmités humaines s'y déploient; de continuelles plaintes s'y font entendre à chaque heure du jour. Quelles sont cruelles les opérations que nous avons vu pratiquer! Elles ont navré nos cœurs; elles les ont empreints d'une profonde tristesse, et des larmes sont forcément tombées de nos yeux. Le pays que l'on appelle aujourd'hui la France était autrefois nommé Gaule, et les habitants en étaient appelés Gaulois. Ils aimaient la guerre avec passion et marchaient au combat sous des chefs qu'ils s'étaient choisis eux-mêmes. Après la victoire, ils partageaient le butin entre eux par parts égales, selon le mérite de chacun. César les divisa pour les vaincre : autrement jamais sans doute ils n'eussent été subjugués.

2. Vous avez eu connaissance de tous les efforts que j'ai faits, de toutes les peines que je me suis données pour terminer cette affaire : mais avez-vous su aussi

que ces efforts sont demeurés infructueuses (infructueux), et que mes peines n'ont point été couronnées de succès. Des obstacles que je n'ai pu vaincre sont survenus : des personnes malveillantes se sont interposées et m'ont enlevé en un jour le fruit des démarches empressées que j'avais faites et auxquelles je m'étais même livrée avec ardeur pendant plusieurs semaines. Combien la puissance de Dieu est grande! Avez-vous jamais regardé le ciel dans une belle soirée? Ces étoiles, si brillantes et si petites en apparence, sont autant de soleils semés dans la vaste étendue des cieux. Quoique vous les voyiez si petites, elles sont cependant infiniment plus grandes que notre terre. Des hommes savants ont observé ces astres avec de grandes lunettes appelées télescopes; ils en ont mesuré la grosseur; ils ont calculé la distance qui les sépare de la terre. Bien que les hommes soient si petits en comparaison de ces grandes merveilles de la nature, vous voyez pourtant combien leur esprit a de force et de puissance.

3. Mes chères enfants, toutes les questions que je vous ai proposé (proposées) jusqu'ici, toutes les règles de grammaires dont je vous ai entretenues jusqu'à présent, sont très-intéressantes et elles vous deviendront très-fructueuses pourvu que vous y donniez toute l'attention que je vous ai vues prêter à des contes frivoles. Lyon est une ville bien remarquable où j'ai demeuré deux années entières; j'y ai vu des choses étonnantes et dont le récit ne pourrait manquer d'exciter votre curiosité; je vous en parlerai quelque jour, si par votre bonne conduite, et par une application soutenue, vous vous en rendez dignes. Mes livres sont déjà usés à force d'être feuilletés, tandis que les vôtres paraissent encore tout neufs. Les témoignages qu'ils se sont donnés ne se sont pas soutenus. Les flatteries que vous vous êtes prodiguées sont peu fondées. Les torts que vous vous êtes reprochés mutuellement sont moins graves que vous ne l'avez pensé. Ces femmes se sont parlées (parlé) et se sont coutredites pendant longtemps.

EXERCICE
Sur les Mots invariables.

8° (Faire surmonter chaque mot invariable de sa lettre initiale; les locutions adverbiales de *l a*; les locutions prépositives de *l p*; les locutions conjonctives de *l c*.

[a]Ne sais-tu pas, ma[a] chère Eugénie, qu'il importe[c] à[p] tout le monde de[p] s'aimer et[c] de[p] vivre fraternellement[a]. Rien[a] ne blesse plus[a] l'oreille ni[c] l'œil que[c] de voir une[p] lettre, qui après[p] Monsieur ou Madame, commence[c] encore[a] par[p] l'un[c] ou l'autre[p] de ces mots. Tu te prends à[p] plus[c] fin que toi, petit serpent à[p] tête folle. Nous courrons et[c] nous trouverons les voleurs que n'avaient[a] pas[a] pris les gendarmes. À[p] cette parole : Que la terre produise[c] l'herbe verte, une surface sèche et[c] stérile devint tout-à-coup[l][a] un paysage diversifié de[p] prairies, de[p] riches vallons et[c] d'[p]agréables collines. Ne nous livrons pas[a] si[a] fort à[a] la[a] nouveauté et[c] à[p] la surprise d'un beau spectacle, que[c] nous devenions incapables de[p] l'examiner. Si[c] l'homme commande aux animaux, à[p] plus[a] forte raison doit-il se commander à[p] lui-même. Empêchons nos pensées de[p] ramper toujours[a] dans[p] les nécessités corporelles[c], comme font les reptiles sur[p] la terre.

EXERCICES
Sur les Observations orthographiques.

9° — 1. Le poète Corneille est né à Rouen. Les Alpes sont des chaînes de montagnes situées entre la France et l'Italie. Le chien est l'emblème de la fidélité. Je chercherai le silence sous les dômes touffus des forêts. Il n'y a pas d'esprit là où il n'y a pas de raison. Un ami sûr fait le charme et le bonheur de la vie. Le désir de cet ambitieux a cru avec sa fortune. Nous devons nous entr'aider en passant dans la vie. Vous m'avez fait grand' peur l'autre soir. Quel autre que vous pourra me donner des nouvelles de mes parents? Votre frère doit arriver ce soir; nous ne le verrons pas, s'il vient trop tard. Ces gens-là mentent. Quatre-vingt-quatre soldats sont partis ce matin pour Brest. Mes petites filles, quelque étourdies que vous soyez, je ne puis croire que vous ne fassiez pas bien votre devoir aujourd'hui.

2. Quand Dieu nous envoie des afflictions, il agit comme le médecin qui essaie de guérir en appliquant le fer et le feu. C'est surtout sous le règne de Louis quatorze que la littérature fut florissante en France. Quelque insensé que vous paraisse un de vos semblables, il ne faut jamais aller jusqu'à le mépriser. Si vous m'en croyiez, vous paieriez promptement ce que vous sauriez être dû : une dette négligée est presque oubliée. Là où vous croirez trouver le bonheur, il arrivera très-souvent que vous ne rencontriez qu'amertume : déjà vous avez éprouvé que tout ce qui paraît brillant n'est pas or. Ne va jamais, ma fille, dans la compagnie des méchants, et s'il t'arrive de te rencontrer avec eux, quitte-les et va-t'en au plus vite.

DICTÉES

Sur toute la première partie.

10. (La maîtresse fera rendre compte de toutes les règles de la première partie qui se rencontrent dans ces dictées.)

1. Il était jadis des forfaits que le courroux des dieux ne pardonnait jamais. Les brocolis sont des choux d'Afrique. Les anciens croyaient que les cratères des volcans étaient les *soupirails* (soupiraux) des enfers. Les

chacals sont des loups d'Afrique. Charleville a une fabrique de clous ; Langres en a une de couteaux et de ciseaux. Les ligues grecques avaient été formées pour la sûreté et le bonheur communs. Le cultivateur redoute les effets de la lune *roux* (rousse). Les grands sont les yeux et les oreilles des princes. La nuit, en mer, on se sert de *fanals* (fanaux) pour donner des *signals* (signaux). Heureux celui qui est irréprochable dans sa vie privée et dans sa vie publique. Le pain est le meilleur de tous les aliments végétaux. Cette fée parut sous les traits d'une petite femme *vieillot* (vieillotte), vive et aimable. Les climats placés sous les cieux les plus froids, sont ceux qui se trouvent près des pôles. La gaieté règne plutôt dans les repas frugals que dans les festins somptueux. Il y a eu en France plusieurs femmes qui ont été des littérateurs distingués. La grêle désastreuse est particulière aux climats tempérés. Dans les peines légères, on aime à épancher son cœur ; quand elles sont *vif* (vives), on aime à les tenir secrètes. Les couches supérieures de l'air sont moins épaisses que les couches inférieures. Les parties les plus volatiles du sang se nomment esprits vitaux. Tous les rayons terrestres ne sont pas *égals* (égaux) ; car les rayons polaires sont plus courts que les rayons équatoriaux. Salut ! ô terre promise à nos *aïeuls* (aïeux) ! nous te voyons enfin après tant d'attente et de soupirs. La femme pécheresse se jeta aux genoux de Jésus. Les aïeuls aiment à parler de leur jeunesse. Les beaux tableaux, les perles précieuses, les bijoux de haut prix, les riches *émails* (émaux) excitent la curiosité et allument dans l'âme une brûlante convoitise. Heureuse l'âme à laquelle il est donné d'avoir pour toutes les choses créées une complète indifférence. Heureux ceux qui, ne tirant vanité de rien de ce qu'ils possèdent, ne voient aucune raison de se glorifier ni dans l'étendue de leur savoir, ni dans la possession de leurs richesses, ni dans une physionomie douce et bénigne. Athalie, pareille à sa mère, était une reine fière, dure, hautaine, altière et cruelle.

2. Que de choses merveilleuses. Dieu n'a-t-il pas

faites en faveur de son peuple! Jésus nous a rachetés au prix de son sang. Il neige souvent dans les lieux les plus voisins des pôles de la terre. Jésus dit au paralytique : Lève-toi et marche. Tout décelle une harmonie universelle. On érigeait les sépulcres d'Egypte comme des monuments sacrés, pour porter aux siècles futurs la mémoire des grands princes ; on les regardait encore comme des demeures éternelles. Les maisons étaient appelées des hôtelleries où l'on n'était qu'en passant et pendant une trop courte existence pour terminer tous nos desseins ; mais les maisons véritables étaient les tombeaux que nous devons habiter pendant des siècles. Les Indiens ont toujours été aussi mous que les peuples septentrionaux ont été féroces. Les eaux se congellent par le froid ou se *dissoudent* (dissolvent) en vapeur par le chaud. Les terres septentrionales récèlent les ours blancs. Jacob, que Dieu protégea, excella en tout au-dessus d'Esaü. L'embouchure d'un fleuve est le point où il rejoint la mer. Possédant des richesses immenses et ayant une puissance égale à celle des rois, Abraham conserva les mœurs antiques, c'est-à-dire pures ; il mena toujours une vie pastorale. Qu'attends-tu, ô juif incrédule! tu as commis plusieurs crimes pendant le temps de tes juges ; ton idolâtrie t'a rendu esclave des nations voisines ; mais Dieu a eu pitié de toi, et t'a envoyé des libérateurs.

3. Cet homme dont nous ignorons le nom est celui que nous avions rencontré l'autre soir. Vous partez demain pour la campagne ; nous y irons aussi après-demain. J'aime le soleil de mon pays et son ciel brillant, qui n'est jamais terni par aucun nuage. Il part, il s'élance sur une planche fragile et va braver les fureurs de l'Océan en courroux : de nobles travaux l'attendent sur l'autre rivage ; une grande récompense lui est promise dans sa vraie patrie, et il étouffe les regrets qui oppressent son cœur en quittant sa patrie de la terre. Après une nuit pluvieuse, le soleil se montre brillant. La neige qui tombait sur la terre refusait aux malheureux la mince portion de bois qu'ils amassaient pour réchauffer leurs membres engourdis. Travaillons, tandis

que la lumière du jour nous éclaire ; bientôt les ténèbres nous environneront et les obscurités de la nuit s'étendront autour de nous ; il sera alors trop tard pour songer à notre salut : le souverain Maître nous aura déjà rendu le juste salaire de nos bonnes actions ou de nos crimes.

4. Nous soupirons après les vains plaisirs de la terre ; et, mortels insensés, nous leur sacrifions souvent les nobles espérances qu'un Dieu lui-même, quittant les splendeurs de sa gloire, est venu nous acquérir au prix de toute une vie de souffrances, et d'une mort cruelle et infâme. Le temps est bien froid : il est à présumer que nous aurons de la neige sans tarder. L'hiver s'enfuit rapidement et déjà les premiers jours du printemps nous apparaissent. Nos champs reverdissent ; nos jardins s'émaillent de fleurs et nos arbres s'entourent de feuillages. L'hirondelle est de retour, l'oiseau fait son nid dans les buissons, et le rossignol fait entendre ses plus doux chants. C'est ainsi que tout renaît autour de nous, que tout sourit à une vie nouvelle : l'homme seul ne revient point par où il a déjà passé ; mais il s'avance d'un pas égal vers le terme invariable de sa carrière. Mes jours se sont évanouis comme l'ombre ; mes années s'enfuient avec rapidité. Qu'est-ce que l'homme, Seigneur, pour que vous fassiez attention à lui, et qu'est-ce que le fils de l'homme pour que vous abaissiez vos regards sur ses actions ? Un brin d'herbe que la faulx moissonne, une paille que le vent emporte, une fleur qui brille au matin et que le soir voit flétrie.

5. Qui redira le charme d'une longue veillée d'hiver, alors que la famille rassemblée près du large foyer à la flamme pétillante, se livre gaiement à de douces causeries, ou bien écoute avec attention le récit de quelque effrayante histoire que raconte l'aïeul enfoncé dans son large fauteuil rembourré. Alors quand on entend le vent siffler avec violence, on se presse avec terreur les uns contre les autres, et l'on croit assister aux scènes épouvantables que décrit le vieillard. Mais bientôt l'his-

toire est terminée : le dénouement a été heureux ; et le héros, après mille périls divers, se trouve hors de tout danger et dans l'état le plus désirable. Le sourire reparaît alors sur tous les visages ; et l'aïeul, après avoir pris une longue prise de tabac, rapproche avec ses pincettes les tisons dont la flamme était devenue moins ardente. Puis chacun se communique les réflexions que lui a causées le récit qu'il vient d'entendre, et c'est avec un véritable déplaisir que l'on entend la pendule annoncer l'heure de la retraite.

6. Enfant, profite de l'insouciance et du bonheur de ton âge ; puise en paix à la coupe des joies et de l'innocence, et ne t'inquiète point du lendemain, ne désire pas de voir s'enfuir les années, et n'appelle point vers toi les fleurs de la jeunesse ni la raison de l'âge mûr, car tu découvrirais les pointes des épines cruelles qui, tôt ou tard, viendront blesser ton cœur. Peuples infidèles, nous n'avions point encore été appelés à la connaissance du vrai Dieu : mais le divin enfant qui venait de naître dans la crèche, voulait, de tous les peuples, ne faire qu'un seul peuple agenouillé autour de son berceau, et il appelle, avec les bergers de Béthléem, les riches et savants mages de l'Orient. Un ange a parlé aux pasteurs, et un astre est apparu aux rois. Et les rois fidèles quittent leur pays et leur famille, et, entreprenant un long et périlleux voyage, ils viennent s'informer quel est le lieu où est né le Libérateur des humains, le Messie promis à la terre. Ces deux femmes se sont promis une amitié mutuelle. J'irai vous porter les deux volumes que vous avez demandés : quand vous les aurez lus, vous vous hâterez de me les remettre. Mes enfants, la première partie de la Grammaire française vous a été enseignée ; les règles qui y sont contenues vous ont été expliquées, mais vous ne vous en souvenez plus : il faudra donc que vous les rappreniez de nouveau.

7. Que voulez-vous me dire et que me parlez-vous tant de prétendus torts que j'ai eus envers vous ? Je n'ai point parlé de vous : je me suis même abstenu de vous

juger. Si des paroles sans conséquence ont été faussement interprétées par la malveillance, est-ce à moi qu'il faut s'en prendre ? Puis-je répondre de tout ce qu'il plaira à de mauvaises langues de m'imputer, et devez-vous vous fâcher quand je vous proteste que je ne vous ai blessée en aucune manière. La force corporelle de nos aïeux était en harmonie avec les mœurs publiques de leur temps. Celui qui emploie la vie à des travaux utiles, recueillera une abondante moisson de gloire. L'enfant qui naît ne semble-t-il pas plus à plaindre que le vieillard qui s'apprête à quitter cette vallée de larmes. Lorsqu'un homme entre dans la vie, il s'engage dans une carrière pleine de rudes épreuves ; quoiqu'il fasse, il devra nécessairement souffrir ; mais arrivé au terme de la vie, il se trouve dans le cas du matelot qui, après avoir longtemps erré sur une mer orageuse, va se reposer au port. Quelque heureux que l'on puisse être ici-bas, les jours sont détrempés d'amertume : le ciel est la seule vraie patrie ; ce n'est que là qu'on peut trouver la fin de tous les maux et une paix assurée. Te rappelles-tu, ma fille, que tu t'engageas l'autre jour à visiter ta vieille grand'mère qui sort de maladie : vas-y au plus tôt ; va-t'en voir aussi ta vieille tante ; donne-lui tous les soins que réclame sa position, et montre en cette circonstance que tu n'es pas une ingrate envers celles qui, dans tous les temps, ont été tes bienfaitrices.

DISCOURS D'UNE MÈRE MOURANTE A SA FILLE.

8. Ma fille, je sens que mes forces m'abandonnent, et que je touche au terme de cette vie mortelle. Bientôt je vais paraître devant le Dieu qui m'a créée pour lui rendre compte des quelques jours d'existence qui m'ont été prêtés. S'il me jugeait suivant la rigueur de sa justice, je serais sans doute perdue, moi qui ai commis des fautes innombrables ; mais j'attends et j'espère qu'il voudra bien me recevoir dans sa miséricorde, et qu'il m'admettra dans ses tabernacles éternels, au milieu de l'heureuse société des élus. Et vous, ma chère fille, qui

allez-vous trouver seule et sans guide au milieu des dangers sans nombre qui se rencontrent sur la mer orageuse du siècle, usez d'une continuelle circonspection pour échapper à tous les périls qui vous menaceront. Regardez les paroles empoisonnées des impies comme autant de piéges tendus à votre innocence. Fuyez les compagnies dangereuses et les plaisirs qui énervent l'âme. N'aimez ni le monde, ni ses folles joies, ni ses fêtes bruyantes, ni ses folâtres jeux; car ce sont là des vanités qui passent; et vous qui êtes chrétienne, vous devez aspirer à des biens stables et permanents.

Ma fille, je sens que la vie m'échappe..... Je vous bénis..... Que Marie soit votre mère..... Adieu !

LE PETIT GARÇON ÉGARÉ.

9. Le bûcheron Marc avait envoyé son fils, le petit François, conduire une charge de charbon chez un monsieur de la ville voisine. François rencontra tant de choses nouvelles pour lui à la ville, qu'il s'y oublia, et ne songea point au long voyage qu'il avait à faire pour regagner la cabane de son père. La nuit commençait donc à répandre ses premières ombres lorsque le fils du bûcheron quitta les rues somptueuses où il avait admiré avec tant de plaisir les bijoux précieux, les cristals (cristaux) brillants, les vitraux dorés et tous les beaux étalages des boutiques qui s'offraient à ses regards. Quand le petit voyageur arriva près de l'entrée du bois où demeurait son père, l'obscurité était si grande qu'on ne pouvait plus reconnaître la route. Pour comble de malheur, la mule de François s'arrêta soudain comme si elle eût pressenti l'approche de quelque danger. Le pauvre enfant descendit; et, ayant attaché sa mule, il s'asseya (s'assit) au pied d'un arbre et se mit à pleurer. Que je suis malheureux, s'écria-t-il! je ne pourrai trouver la route, et il faudra ne point embrasser ma mère ce soir, et mourir peut être ici dévoré par quelque bête féroce. Oh! pourquoi suis-je resté si longtemps à la ville? Ah! je le sens bien, ma curiosité m'a perdu. Mon Dieu! mon Dieu! que vais-je devenir, si vous ne me

protégez. Marie, ma bonne Mère, vous que je prie chaque jour dans l'église du village, venez à mon secours. L'enfant achevait à peine sa prière qu'il aperçoit une forme étrange se dresser devant lui dans l'obscurité; il frémit et ne doute point que ce ne soit quelque animal sauvage. Eperdu, il se jette à genoux et se remet à prier. Mais déjà l'animal est près de lui, il le sent l'effleurer de son haleine brûlante; dans un instant peut-être le monstre aura dévoré l'enfant. Mais, ô bonheur! un aboiement bien connu se fait entendre; ce n'est point une bête féroce qui est près de François, c'est son chien, son fidèle Médor. Quelques instants après le fils du bûcheron était dans les bras de son père qui, inquiet de ne point le voir revenir au logis, s'était mis à battre la forêt afin de le retrouver. Toutefois l'enfant se promit bien d'être plus prudent à l'avenir, et de rentrer de bonne heure désormais à la chaumière.

10. J'ai un beau-frère qui vient de faire une longue tournée sur le vaisseau dit le *Neptune*. Parti de France il y a bientôt trente-deux mois, il a côtoyé la majeure partie de l'Afrique qui forme une immense presqu'île. Il a passé dix-huit jours sur les côtes inhospitalières de la Nouvelle-Hollande; il a poussé jusqu'à la grande mer du sud, et a visité les principales îles de l'Océanie. Il a vu, m'a-t-il dit, des choses très-curieuses; et je n'ai pas grande (grand') peine à le croire: il est presque impossible de parcourir tant de lieux différents, sans rencontrer bien des choses belles, étonnantes, merveilleuses. Ce sont surtout, à ce qu'il paraît, les sauvages de la Nouvelle-Calédonie qui ont attiré l'attention de mon beau-frère, car il a parlé des mœurs singuliers (singulières) de ces naturels avec une complaisance toute particulière. Les Calédoniens, d'après ce qu'il nous a raconté, vivent au jour le jour et ne se soucient guère du lendemain. Ont-ils fait une récolte abondante, on dirait qu'elle leur pèse: ils appellent des voisins de dix à douze lieues à la ronde pour s'en débarrasser plus vite et leur festin dure autant que leurs provisions; de sorte que, pendant les trois quarts de l'année, ils n'ont rien à manger. Quelque indigents qu'ils soient, ils ne

manquent jamais de faire part du peu qu'ils possèdent à tous ceux qui se présentent. Nos missionnaires n'ont point manqué d'avoir du succès auprès d'un peuple si naturellement porté à la bienfaisance ; toutefois c'est vainement encore qu'ils essaient de combattre sa prodigalité. Sans les secours envoyés à ces religieux par l'œuvre de la Propagation de la Foi, secours qu'ils distribuent aux Calédoniens dans les moments de disette, la plus grande famine règnerait parmi ce pauvre peuple.

11. Les découvertes que l'on a fait (faites) dans ces derniers temps n'ont pas été approuvées de tout le monde : plusieurs les ont admirées, plusieurs aussi les ont condamnées et s'en sont moqués. L'attention que le public a donnée aux nouveautés qui se sont produites depuis quelques années, et qui se sont acquis une grande célébrité, a encouragé les faiseurs d'utopies : de là les théories nouvelles que nous avons vues se succéder coup-sur-coup. Carthage était une ville autrefois florissante ; les Vandales l'ont détruite au ve siècle; mais on l'a rebâtie depuis. Je me suis fâchée, disait une femme franc (franche) et naïf (naïve); je me suis laissée aller à des emportements que je me suis ensuite reprochés ; je ne me les suis même pas encore pardonnés. Les femmes que vous avez vues tout-à-l'heure, et qui se sont donné devant vous de si grands témoignages d'amitié, se sont querellées hier et se sont dit les plus grandes injures. Les eaux saintes du Baptême purifient de la tache originelle les âmes qui en sont arrosées. Nul ne doit admettre comme des faits avérés des fables menteurs (menteuses) et grossiers (grossières). Tout le monde aime une parole douce, des manières franches, une physionomie ouverte, bonne et expressive. Quelle tempête cruelle et désastreuse ont essuyée dernièrement les matelots que nous avons vus débarquer sur nos côtes ! Les minéraux que nous avons extraits de la montagne voisine renferment, dit-on, des lingots d'argent.

12. Voilà, ma chère amie, que la Toussaint arrive : c'est une des fêtes les plus solennelles, les plus édi-

fiantes que célèbre l'Eglise. Oh! que cette fête nous rappelle de touchants souvenirs! Elle élève naturellement nos pensées vers la bienheureuse patrie qui nous attend; elle nous transporte en esprit, au séjour des élus, là où il n'y aura plus ni pleurs, ni gémissements, où l'on boira à longs traits à la source des plus pures délices; elle nous montre, à la lumière de la foi, cette nuée d'âmes saintes qui nous précèdent dans la gloire, et qui sont déjà en possession de la pleine béatitude. Qui est-ce qui, à moins d'être presque insensible, ne tressaillira d'allégresse à la pensée du ciel et ne jettera un regard de dédain sur les choses caduques de la terre. Qui est-ce qui, s'il veut réfléchir, ne se trouvera encouragé par le succès de ceux qui sont heureusement parvenus au port du salut? Quelqu'un pourrait-il se regarder comme incapable de faire ce qu'ont fait des hommes comme lui. Le courage des saints doit relever le nôtre; et, quelque impuissants que nous soyons par nous-mêmes, nous devons croire que nous pourrons tout avec le secours de la grâce que Dieu nous donne. Quel attrait peuvent offrir toutes les choses créées, à ceux que touche le désir des biens incréés? Lève la tête, ô toi, qui gémis dans la douleur, qui ploies peut-être sous le fardeau des souffrances; sèche tes pleurs, et espère qu'un jour tu régneras dans le ciel : les peines de cette vie devront te paraître douces quand tu considèreras qu'elles serviront à accroître ta récompense. Mais quoiqu'il soit vrai qu'il dépend de nous tous de nous sauver, il faut convenir que, tous aussi, nous pouvons nous perdre. Veux-tu, ma fille, t'assurer la possession du royaume des cieux, penses-y souvent, diriges-y tous tes efforts, travaille sans relâche, persuadée que jusqu'ici tu es loin d'avoir fait ce que tu aurais dû pour t'en rendre digne. Dans soixante ou quatre-vingts ans d'ici, il n'y aura très-probablement aucun de nous sur la terre; puissions-nous nous trouver réunis dans la patrie céleste. Tous les élus se voient, s'entr'aiment et vivent entre eux dans les rapports d'une douce et éternelle amitié.

TABLE DES MATIÈRES.